上海全球城市研究院
SHANGHAI INSTITUTE FOR GLOBAL CITY

# SHANGHAI METROPOLITAN AREA DEVELOPMENT REPORT

# 上海都市圈
## 发展报告·第三辑
### 现代产业体系
## Modern Industrial System

陈宪 伏开宝 ◎ 主编

格致出版社 上海人民出版社

# 编写组成员

总 策 划　康旭平　燕　爽
丛书主编　周振华　陈　宪
分辑主编　陈　宪　伏开宝

第 1 章　　陈　宪
第 2 章　　何雨霖　伏开宝　陈　宪
第 3 章　　崔婷婷　王赟赟
第 4 章　　伏开宝　何雨霖　陈　宪
第 5 章　　何雨霖　伏开宝
第 6 章　　伏开宝　王赟赟
第 7 章　　伏开宝　陈　宪
附　录　　王赟赟　赵　睿

英文译校　陈昉昊

# 目 录

## 7　上海都市圈现代产业体系的建立与完善

# CONTENTS

# 4 Industrial Innovation Ecology in Shanghai Metropolitan Area

# 5 Synergistic Development of Industries in Shanghai Metropolitan Area

# 图表目录

# 1

## 绪　论

《上海都市圈发展报告·第三辑》的主题是"现代产业体系"。本报告关注实体经济意义上的现代产业体系，聚焦高技术制造业和战略性新兴产业。

现代产业体系是保证大国经济持续增长和发展的战略基础。站在当下的视角，不难发现，现代产业发展有着三个内在要求：空间上集群化（园区化），机制上生态化，技术上数字化。集群化、生态化和数字化，是现代产业的三个基本特征。上海都市圈是中国现代产业集聚集群的重要区域之一。研究上海都市圈发展，必须关注这个地域上的现代产业体系，集群化和生态化是其中的两个重点。

The theme of *Shanghai Metropolitan area Development Report·Third Series* is "Modern Industrial System". This report focuses on the modern industrial system in the terms of the real economy, with a focus on high-tech manufacturing and strategic emerging industries.

The modern industrial system is the strategic foundation for the sustainable growth and development of a large economy. From a contemporary perspective, it is easy to see that modern industrial development has three intrinsic requirements: clustering in space (campusization), ecologization in mechanism and digitalization in technology. Clusterization, ecologization and digitalization are the three basic characteristics of modern industry. Shanghai Metropolitan area is one of the most important areas for the clustering of modern industries in China. To study the development of Shanghai Metropolitan area, it is important to focus on the modern industrial system, and clustering and ecologization are the two key points.

## 1.1　现代产业体系是创新驱动的产物

产业发展的内生驱动，一是来自需求，二是来自供给。在老百姓收入水平和技术水平同时低下的漫长时期，需求引导供给是主流；随着技术革命及其引领的产业革命日益活跃，同时伴随着老百姓收入水平的较快增长，供给创造需求的特征日益显著。供给创造需求，本质上就是供给创新创造需求。从这个意义上说，现代产业体系是创新驱动的产物。

众所周知，创新这个概念最早是由经济学家约瑟夫·熊彼特提出来的。它是指企业家革命性地重组生产要素的行为，即企业家创新。20世纪中叶以后，技术革命日益活跃，尤其是信息技术和新一代信息技术的主导作用，创新的概念延伸到科技创新，科学家、工程师的发现和发明，都在我们今天所说的创新之列。近一二十年来，创新，尤其是原始创新，是和创业紧密联系在一起的。创业的内涵发生了深刻变化。在英文中有了关于创业的新词"start-up"，它和原来常用的"entrepreneurship"不同，能够反映创业内涵发生的深刻变化。entrepreneurship指的是一般意义上的创业，原意主要指谋生型创业；start-up则专指以研发新技术和新模式的创业，从0到1的创业行为，内在创新的创业，即无创新不创业。继而，进入到产业（化）创新，企业家和投资家一起，将创新成果从1做到10、100的过程。

企业家创新、科技创新和产业创新的提出和实践，都有各自的意涵。现代产业体系就是在企业家创新、科技创新和产业创新的共同驱动下逐步形成的。

## 1.2　集群化是现代产业体系的重要特征

《上海都市圈发展报告·第一辑》的主题是"空间结构"，在这一辑中，我们提出，都市圈空间结构有三个特征：圈层、多中心和集群。其中，集群主要是指产业集群，包括制造业集群和服务业（商业和商务）集群。

现代产业集群与创新集群息息相关。在美国是如此，如旧金山、波士顿；在中国亦是如此，如上海、深圳。从世界范围或一个大国来看，这就是创新区位的问题：是不是在各个地方都可以形成创新集群？答案是否定的。这是因为，创新需要若干必要条件和充分条件，如人才、资本、基础设施、创新生态，甚至气候，不是每个地方都具备这些条件的。由此衍生的问题是，创新和创新集群能不能培育？答案是肯定的。创新和创新集群是可以也必须培育的。创新集群有两个基本要素，人才和创新生态。人才，早年主要来自移民，现在主要来自大学培养的创业创新人才。所以，创新集群需要好大学和好生态，它们是可以培育的。但每个创新集群都有着其他地方不能模仿的一些创新要素，或者源于本地的力量。这种力量植根于本地资源和文化中，这是创新地理学，或者新经济地理学的重要认知。各类创新集群就是要使这些要素能够在一定的空间生成、集聚，并催生出新技术、新模式、新产品和新服务，乃至新行业和新业态。

创新集群和创新生态的检验，除了什么地方有创新、什么地方没有创新，进一步的问题是，什么地方有产业、什么地方没有产业，即产业集群。也就是说，创新集群必然带来产业集群。由于创新成果产业化会在更大的范围实施，所以，产业集群的空间范围往往大于创新集群。产业集群中的产业主要是指高技术产业和战略性新兴产业。战略学家迈克尔·波特在《国家竞争优势》[①]中写道："一个国家能够持续并且提高生产率的关键在于，它是否有资格成为一种先进产业或者重要产业环节的基地。"经济学家同时强调企业家精神。只要这个地方有企业家，只要这个地方有有利于创新的资源，那么这个地方就可以发展高技术产业和战略

---

① 参见［美］迈克尔·波特：《国家竞争优势》，华夏出版社 2002 年版 / 中信出版社 2007 年版。

性新兴产业。创新集群中一定蕴藏着比其他地方更丰富的企业家精神。

当下，形成"高质量发展的区域集群"，或"高质量发展的区域经济布局"，正成为空间布局国家战略的重要目标。区域集群的本质是什么？或者说，区域经济布局的核心是什么？是创新集群和产业集群。创新集群的规模和质量决定着产业集群即战略性新兴产业和未来产业发展的水平，进而决定着区域集群的高质量发展。现代产业体系的"头部"和"主干"企业，一般都存在于大国经济的核心区域，像中国的珠三角、长三角地区，它们是中国现代产业体系的承载区和策源地。

## 1.3　创新和产业生态是打造现代产业体系的关键

从创新到现代产业体系的中间环节，是创新和产业生态，科技园区是创新和产业生态的空间载体。所谓生态化、园区化，就是人们对这个关键的中间环节的期许。图 1.1 是关于创新和产业生态系统的框图。

图 1.1 原本只是创新生态系统，图中间的创新企业（start-up）

**图 1.1**
**创新和产业生态系统**

资料来源：［美］霍尔·罗森伯格主编：《创新经济学手册（第一卷）》，上海交通大学出版社 2017 年版，第 16 章。

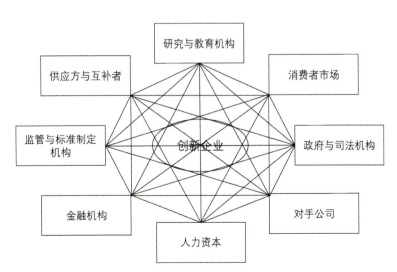

即0—1的企业。经过比对一些产业生态系统的框图后，我们发现，将创新企业加上标准企业即1—10或更多的企业，这个框图就是创新和产业生态系统。这是因为，无论是创新生态，还是产业生态，它们的相关主体和"链"是基本相同的。这个框图精妙地将创新和产业主体，相关主体与"链"的关系简洁地表达出来了。相关主体中，最为关键的因素是最具主观能动性的人力资本即人才。人力资本主要来自大学和研究机构。由以上分析可知，在中国，创新和产业生态大多位于都市圈和中心城市。都市圈和中心城市有没有能够培养创业创新人才的好大学，决定着创新和产业生态的生成与发展。办好大学，当然要有投入，但体制机制至关重要。大学有了充分的办学自主权，就能够根据社会需要作出选择，培养出更多更好的创业创新人才。

一如自然生态，创新和产业生态的优化，核心是各种"链"——产业链、配套链（产品链）、服务链和社交链等的形成和完善。还有基础设施、营商环境、公共服务和区域亚文化等，都是构成好生态的重要条件。唯其如此，创新能力和产业化能力才能得到显著的提升。

## 1.4 战略性新兴产业是现代产业体系的基石

战略性新兴产业和未来产业既是现代产业体系的引领者，又是其主要的组成部分。发展到一定规模和水平的战略性新兴产业是一个国家或一个地区国民经济与社会发展的基石。这是一国或地区经济现代化的主要标志。

中国是在《国民经济和社会发展第十二个五年规划纲要（2011—2015）》中提出"培育发展战略性新兴产业"的。此前，《国民经济和社会发展第十一个五年规划纲要（2005—2010）》的提法是"加快发展高技术产业"。"十一五"规划要求："按照产业集聚、规模发展和扩大国际合作的要求，加快促进高技术产业从加工装配为主向自主研发制造延伸，推进自主创新成果产业化，引导形成一批具有核心竞争力的先导产业、一批集聚效应突出的产业基地、一批跨国高技术企业和一批具有自主知识产权的知名品牌。"不难看出，这里，"先导产业"的内涵与战略性新兴产业是一致的。

国家"十二五"规划第十章"培育发展战略性新兴产业"指出："以重大技术突破和重大发展需求为基础，促进新兴科技与新兴产业深度融合，在继续做强做大高技术产业基础上，把战略性新兴产业培育发展成为先导性、支柱性产业。""十二五"规划还首次明确，"大力发展节能环保、新一代信息技术、生物、高端装备制造、新能源、新材料、新能源汽车等战略性新兴产业"，由此基本界定了战略性新兴产业的重点领域，并提出了加快推动发展的主要举措。

《国民经济和社会发展第十三个五年规划纲要（2016—2020）》更加全面、集中地阐述了支持战略性新兴产业发展的要求、目标和措施。"十三五"规划指出："瞄准技术前沿，把握产业变革方向，围绕重点领域，优化政策组合，拓展新兴产业增长空间，抢占未来竞争制高点，使战略性新兴产业增加值占国内生产总值比重达到15%。"

为此，要提升新兴产业支撑作用，"支持新一代信息技术、新能源汽车、生物技术、绿色低碳、高端装备与材料、数字创意等领域的产业发展壮大。大力推进先进半导体、机器人、增材制造、智能系统、新一代航空装备、空间技术综合服务系统、智能交通、精准医疗、高效储能与分布式能源系统、智能材料、高效节能环保、虚拟现实与互动影视等新兴前沿领域创新和产业化，形成一批新增长点"。这里，增加了数字创意产业为战略性新兴产业。

国家"十三五"规划还明确提出了培育战略性新兴产业的领域，指出："加强前瞻布局，在空天海洋、信息网络、生命科学、核技术等领域，培育一批战略性产业。大力发展新型飞行器及航行器、新一代作业平台和空天一体化观测系统，着力构建量子通信和泛在安全物联网，加快发展合成生物和再生医学技术，加速开发新一代核电装备和小型核动力系统、民用核分析与成像，打造未来发展新优势。"

《国民经济和社会发展第十四个五年规划和 2035 年远景目标纲要》就发展壮大战略性新兴产业和前瞻谋划未来产业分别提出了构想和要求。纲要指出："构筑产业体系新支柱。聚焦新一代信息技术、生物技术、新能源、新材料、高端装备、新能源汽车、绿色环保以及航空航天、海洋装备等战略性新兴产业，加快关键核心技术创新应用，增强要素保障能力，培育壮大产业发展新动能。"航空航天和海洋装备看似是新增加的战略性新兴产业，实际是因为它们增长较快，成为万亿级的产业，而从高端装备中分离出来。这种情形以后还会出现。

纲要还指出："在类脑智能、量子信息、基因技术、未来网络、深海空天开发、氢能与储能等前沿科技和产业变革领域，组织实施未来产业孵化和加速计划，谋划布局一批未来产业。"战略性新兴产业和未来产业都是动态演化的，未来产业就是明天的战略性新兴产业。

上海都市圈在中国现代产业体系建设，以及战略性新兴产业和未来产业发展中，承担着极其重要的任务。本辑将基于空间经济学等相关理论和方法，阐述区域空间与产业发展的关系，阐明产业集群机理的理论观点，剖析产业集群是如何推动现代产业发展的。在此基础上，分别研究上海都市圈产业发展水平、产业创新生态、产业协同发展和产业配套能力等，并对上海都市圈战略性新兴产业和未来产业的发展态势与趋势作出研判。

# 2

## 空间经济学、产业集群与现代产业体系

产业结构和空间结构在互为因果、互相作用的过程中演变。这是一个有着显著耦合性和协同性的动态过程。从一定意义上说，城市、尤其是大城市和都市圈，是这一演变过程的产物。城市从产生到规模扩张，从单中心向多中心转型，最终形成以产业集群为主要内容的区域集群即都市圈和城市群。由此，产业发展在空间上集聚、溢出和分工，形成以集群化（园区化）、生态化为主要特征的现代产业体系。中心城区成为生产性（现代）服务业集群发展的核心载体，科技园区成为高技术制造业和战略性新兴产业集群发展的核心载体。在区域集群的典型形态——都市圈的范围内，各城市间呈现产业协同和分工发展的格局。空间经济学为产业集群形成与现代产业变迁提供了理论依据。产业集群通过发挥规模效应和学习效应，提高要素配置效率，促进产业分工，完善产业链和促进协同创新，推动现代产业发展，形成现代产业体系。因此，产业集群的相关理论及问题，不仅关乎城市的空间布局，也为现代产业发展的实践提供了理论基础。

Industrial and spatial structures evolve in a process of mutual cause and effect and interaction. This is a dynamic process with significant coupling and synergy. In a certain sense, cities, especially large cities and metropolitan areas, are the products of this evolutionary process. From the emergence of cities to their expansion, from mono-centers to multi-centers, cities eventually form regional clusters, i.e. metropolitan areas and urban agglomerations, with industrial clusters as their main content. As a result, industrial development is spatially clustered, overflowing and divided, forming a modern industrial system with clustering ( campusization ) and ecology as its main features. Central urban areas become the core carrier for the development of clusters of productive ( modern ) service industries. Science and technology parks become the core carrier for the development of clusters of high-tech manufacturing and strategic emerging industries. Within the scope of the metropolitan area, the typical form of regional clusters, the cities present a pattern of industrial synergy and division of labor development. Spatial Economics provides the theoretical basis for the formation of industrial clusters and modern industrial changes. Through the scale effect and learning effect, industrial clusters improve the efficiency of factor allocation, promote industrial division of labor, booster the industrial chain and promote collaborative innovation, and promote the development of modern industries and form a modern industrial system. Therefore, the theories and issues related to industrial clusters not only concern the spatial layout of cities, but also provide a theoretical basis for the practice of modern industrial development.

## 2.1 产业集群的理论与实践

### 2.1.1 产业集群的理论基础

产业集群问题的研究产生于 19 世纪末。阿尔弗雷德·马歇尔在 1890 年开始关注产业集群这一经济现象，并提出了两个重要的概念，即"内部经济"和"外部经济"。马歇尔之后，产业集群理论有了较大的发展，出现了许多流派，比较有影响的是韦伯的区位集聚论、熊彼特的创新产业集群论、胡佛的产业集群最佳规模论、波特的企业竞争优势与钻石模型等（图 2.1）。他们分别从外部经济、产业区位、竞争与合作、技术创新与竞争优势、交易成本、规模经济和报酬递增等角度探讨了产业集群形成的原因与发展机理。

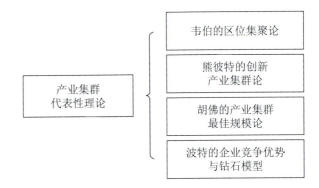

产业集群代表性理论 — 韦伯的区位集聚论 / 熊彼特的创新产业集群论 / 胡佛的产业集群最佳规模论 / 波特的企业竞争优势与钻石模型

图 2.1
产业集群的代表性理论

1990 年，迈克·波特（Michael Porter）在《国家竞争优势》一书中首先提出用"产业集群"（industry cluster）的概念，对企业在区域内的集群现象进行分析。[①]区域的竞争力对企业的竞争力有很大的影响。波特通过对 10 个工业化国家的考察发现，产业集群是工业化过程中的普遍现象，在所有发达经济体中，都可以明显

---

① 参见［美］迈克尔·波特：《国家竞争优势》，华夏出版社 2002 年版 / 中信出版社 2007 年版。

看到各种产业集群。①

产业集群理论的提出，为促进经济增长，分析国家和区域经济发展并制定相应政策，为企业、政府和其他机构进行角色定位，乃至构建企业与政府、企业与其他机构的关系方面，都提供了一种新的思考角度和方法。产业集群理论要求政府重新思考自己的角色定位，要求政府专注于消除妨碍生产力成长的障碍，创造良好的企业生态环境，繁荣区域和城市经济。

产业集群可以是一种过程，一种由产业集聚引起的产业链完善过程；也可以指产业发展进入了一种新的分工状态，并带动了相关产业协同发展的区域集中分布状态。产业集群强调的是同一产业内各企业区域分布状况的集中化，其重点在于产业内的协同和不同产业之间的相互配合、分工协作。

## 2.1.2 产业集群的方式与成因

产业集群有两种主要的方式：外来集聚和内生繁殖。前者主要表现为已有企业向某一地区的迁移集中；后者主要表现为由仿效形成的大量同类企业的新生，或者原有企业的分化和衍生。②

引起产业集群的原因有很多，从比较原始和直接的原因看，大致有以下几种（图 2.2）：

（1）地域地理环境以及可再生性自然资源。最典型的是农业环境形成的副业、工业企业集聚。例如，由葡萄种植业衍生出来的葡萄酒业（如法国波尔多的葡萄酒业），由渔港形成的渔业加工业，由港口形成的港务业、仓储业、造船业，等等。在中国，白酒业受到地域、地理环境的制约往往呈现高度集聚状况，形成白酒产业集群。

（2）非再生性自然资源禀赋。在自然矿藏丰富的地区会形成

---

① 参见严含、葛伟民：《"产业集群"：产业集群理论的进阶》，《上海经济研究》2017 年第 5 期。

② 参见张华：《产业集聚——区域竞争与合作的强大内生力量》，《江苏科技信息》2007 年第 1 期。

具有特色的工业集聚，如德国的鲁尔工业区、美国的钢铁带、中国的石油城等。从最初的产业集群现象来看，充分利用地区的非再生性自然资源优势发展区域经济是形成产业集群的原始动力。部分地区更是运用独特的自然资源发展出了独特的艺术和工艺技术，并形成了独特的文化，比如中国景德镇的瓷器等。

（3）人力资源、历史文化和技艺传承。人力资源集中形成的产业集群，很典型的是高校、科学院和研究所附近及周边的那些产业园和集聚带。美国的硅谷、中国的中关村等是大学附近IT产业集群的典型。各地区、各民族的社会历史、风俗习尚、地理环境、审美观点的不同，使得各地的手工艺品具有不同的风格特色，从而也会形成具有鲜明文化风格的产业集聚现象。

（4）产业政策、经济规划和政策导向。错位竞争的经济发展战略和区域经济协同发展的产业政策，落实到具体的产业发展规划，一直到具体的优惠政策导向，都对产业集群产生了重大的影响。最近几十年来的产业集群区，很大部分是政府通过规划和经济手段引导发展起来的。

（5）交易成本降低。从经济学层面分析企业集聚的成因，交易成本是不容忽视的因素。同类企业因为集聚"有利可图"，而在地域分布上相对集中。从降低交易费用的角度分析，第一，企业相对集中，可以在当地形成较大规模的产品交易市场，降低客户的信息搜寻成本，对市场的发展和生产空间的扩展有利。第二，可以集中运输、储存，降低运费和仓储费用。第三，可以联合采购，降低生产设备和原料、耗料的采购费用，降低生产成本。第四，距离接近，有利于获取市场信息和技术情报，相互学习，协同改进生产工艺和提高管理水平。第五，有利于生产性服务业的协同发展。第六，有利于协作生产和经营组合，协作研发、培训，合伙利用各种设施设备，形成相对其他区域的竞争合力。

（6）知识和技术溢出效应。马歇尔—阿罗—罗默的技术外部性理论认为，同一产业在空间上的集聚有利于知识的传播和溢出。

关于产业集群以及产业集群知识和技术溢出效应的研究文献非常多。产业聚集提高了企业之间相互学习的便利性，有效提升了获取市场情报和信息的效率，并通过相互学习加快新技术推广应用的速度，降低了创新成本。产业集群还提升了资本、财富和劳动力的运行密度，促使企业、家庭和公用事业走向集中，从而形成多方面的积极溢出效应。

（7）国际产业分工和区域产业分工发展。随着知识经济在发达国家逐步成为现实的经济形态，国际分工格局中出现产品差别型分工和生产工序型分工深化发展的新特点。这为某种产品及其部件、配件集聚在某一较小地域范围内生产提供了前提条件。在结构比较复杂的产品生产领域，分工的细化使得某一部分的部件由几十家企业生产而不是几十种部件由一家厂商生产，这就出现某种产品部件的集聚生产地，形成了专业化的产品生产集群。

（8）园区建设—街区建设—城区建设。各种产业导向明确的园区建设很直观地形成了产业集群，范围较大的高科技园区内可以形成若干个产业集聚区。早期建设的工业园区，结合旧

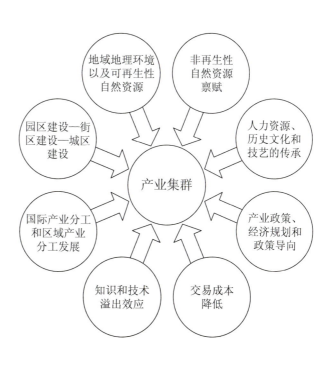

**图 2.2**
**产业集聚的成因**

城区改造的产业园区建设，让各种产业融合发展，创造更新的宜居城市空间，引起了人们的关注。街区建设、城区建设、产城融合和产业生态环境打造等与产业集群相关的概念逐渐涌现出来。①

总的来说，从经济生态环境直至自然生态环境均包含产业集群的内容，企业的生态环境不仅包含着配套产业的齐全，更包含着各种服务设施的齐备。中国的产业集群目前主要围绕着产业政策和科创中心建设，这需要我们从更宽的视角来重新审视产业集群问题，并提出指导实践的新理论。②

### 2.1.3 产业集群的相关区域政策

20 世纪末，有关产业集群的学术贡献激起了新一轮以培育产业集群为主导的区域经济政策的出现。斯科特（Allen J.Scott）有关交易成本和洛杉矶大都市区形成的研究，以及皮奥里（Michael Piore）和萨贝尔（Charles Sabel）有关中部意大利产业区增长和发展的具有影响力的综述，分别从空间和微观利益角度为企业集群发展提供了理论依据。波特在《国家竞争优势》中认为，国家的财富和机会是与其拥有竞争优势的产业部门的成功密切相关的。追溯 20 世纪初的马歇尔以及 60 年代相关学者的研究，这些研究均反映了一个核心思想：相关产业部门的经济活动倾向于在空间上形成地理集群，而产业集群的状况与当地区域执行的政策息息相关。

制定区域产业政策的国际经验方面，意大利和丹麦是集群政策的发展先驱。意大利的集群政策产生于 20 世纪 70 年代，到 80 年代中期已经成为文明的"产业区"规范性文献。丹麦在 1989 年就创立了促进企业聚集的"产业网络写作项目"，该项目为 300 多

---

① 参见黄宾、于淑娟：《产业集群理论研究新发展及其实践启示》，《技术经济与管理研究》2017 年第 10 期。
② 参见李君华：《产业集聚与布局理论》，经济科学出版社 2010 年版。

个带有集聚特征的企业网络提供金融服务，缔造集群的作用曾轰动一时。

相比较而言，美国的产业集群作为一种新的政策思路被联邦政府和州政府广泛采纳，取代传统产业政策刺激集群所在地区的技术创新，提升区域竞争力，使之成为繁荣区域乃至国家经济的新动力。例如，经济发展咨询部门转而提倡基于行业的发展规划，明尼苏达州、俄勒冈州和纽约州均建立相关机构，制定相关政策，应用集群思想培育和扶持现有产业集聚。

集群政策的制定涉及产业链、地方知识、基础设施建设等方方面面，是相关行业、企业与区域发展机构的高度互动。上述政策制定的焦点在于，运用投入产出方法分析地方经济结构的知识和价值链关联，实现产业结构与空间结构的协调统一。

## 2.2 产业结构与空间结构演变

### 2.2.1 工业集聚与城市规模扩张

在城市形成的初期，城市产业主要以农业为主。随着社会生产的大分工，手工业者彻底脱离了农业，手工业逐渐成为城市的主要产业，手工业场所的扩张带来城市规模的扩大。在此阶段，城市发展相对缓慢，其路径主要以集聚为主，生产要素逐渐向城市中心汇聚。

工业革命后，工业在城市中迅速发展，城市以其高生产率、集聚效应和规模效应成为经济增长的重要物质空间和社会空间。城市工业快速集聚，不断吸引着周边地区人口进入城市，促进了城市人口和用地规模的扩大。城市规模急速扩张，城市功能更加多元，城市经济逐渐占据国民经济主导地位。城市不仅是工业中心，而且也是商贸、文化和政治中心。

人口集聚、工厂数量激增、市政建设和公共服务需求急剧增加，使得城市住房紧张、交通堵塞、生活成本增加、环境恶化等各种城市发展中的矛盾日益显现。在这个阶段，城市扩展进程中逐步出现地域功能分化，城市居民和大型工厂开始迁往郊区，商务活动、服务业则向市中心汇集，形成了简单的中心商业区和近郊工业区，城市高密度的单中心结构及"摊大饼"式圈层形态初步形成。[①]

### 2.2.2 产业溢出与城市多中心发展

随着产业的发展和城市规模的进一步扩大，以及中心城市资源的紧缺和环境的影响，政府开始有组织地制定城市规划和城市建设，对现代城市空间结构的形成发挥了重要作用。随着计算机及现代通信技术的快速发展，现代化工业、运输业和新兴服务业开始崛起，城市发展形态迈向更高级阶段，空间组合不断演化。商贸、金融、商务等先进服务业取代制造业成为中心城市的主导产业，而市中心的工厂、交通事业、研究所、仓储业等纷纷迁往郊区高速公路通道及地方机场的四周等交通便利的地方，形成所谓的产业园区。产业园区迅速发展，集聚更多的生产要素，加速劳动力、资金等生产要素的流入，所在地发展成为新的就业中心和具有综合功能的城市节点。城市向多中心发展，由单中心模式向多中心模式转变。[②]

### 2.2.3 产业集群与区域集群的形成

随着中心城市的规模扩大，中心城市与邻近区域有了更多经济往来，产业之间形成了更多的协同与分工合作。区域分工和产业园区的出现为产业集群发展奠定了基础，高新技术园区是现代

---

① 参见张芸、梁进社、李育华：《产业集聚对大都市区空间结构演变的影响机制——以北京大都市区为例》，《地域研究与开发》2009 年第 5 期。

② 参见马吴斌、褚劲风、郭振东：《上海产业集聚区发展与城市空间结构优化研究》，《上海城市规划》2008 年第 6 期。

产业体系集聚性特征的重要体现。信息革命和生物技术革命直接引致了信息产业等高科技产业的出现。这些产业在一定的地域内聚集，形成上、中、下游企业完整，外围支持系统健全，充满创新活力的有机体系，高新技术产业集群得以形成。随着新一代信息技术的发展，生产性服务业快速发展。最终，中心城区成为生产性服务业集群发展的核心，科技园区成为战略性新兴产业为代表的先进制造业集群发展的核心载体，共同形成了现代服务业与先进制造业集群发展的产业格局。

在不同地区的产业集群发展起来后，由于这些集群分属于不同产业，彼此间互补性很强，在横向上加快了不同产业之间的整合，促进了物流、信息流、技术流等的加速流动。要素流动扩大了中心城市的辐射范围，与邻近城市联系日益紧密，促进了区域集群发展格局的形成。

## 2.2.4 区域集群的产业协同与分工协作

在区域集群发展过程中，区域集群发展通过各行政区打破区划束缚，建立起政府协商、资源共享以及双向互动的产业协作机制，构建起横向错位发展、纵向分工协作的合作格局。区域内大、中、小城市形成合理的上下游产业分工与协作。同时，产业集群作为连接政府和市场的纽带，弥补产业集群发展过程中政府与市场作用的不足。产业集聚发展及中心城市对外围区域的回流和涓滴效应，带动着邻近中小城市的产业发展。区域内中小城市承接中心城市转移的产业，在区域形成有序的产业梯度。①

中心城市集中发展以生产性服务业为代表的现代服务业、以高新技术产业和战略性新兴产业为代表的先进制造业，而中小城市以生产制造为主。同时，各城市依据自身优势发展不同产业，有效避免同质化发展，形成良好的产业竞争与合作。区域集群内

---

① 参见赵雪、高鹏龙：《区域协同发展的产业布局优化策略》，《电子技术》（上海）2021 年第 5 期。

产业关联性、协作性日益增强，形成产业协同与分工协作的发展格局。

## 2.3 现代产业体系的形成与发展

### 2.3.1 城市布局与产业集聚

都市圈内产业集聚的本质是合理、有效、公正地创造有序的城市生产生活空间环境，而功能分区是实现空间有序发展的重要手段。按照功能分区进行产业布局有利于充分发挥集聚收益，但并非越专越好。随着城市规模的扩大，都市圈范围的延伸，功能分区的布局模式容易带来城市拥挤、住房紧张、环境污染、过度蔓延等问题。为此，多种功能疏解模式应运而生。同时，功能分区模式重视经济效益、轻视社会建设，重视生产、轻视生活，重视企业、轻视人，不利于人们的生产与生活。自从结构主义、人文主义、后现代化主义出现后，都市圈的空间布局呈现了制度、文化、社会等多维转向及产城人融合。

#### 1. 集聚经济与功能分区

经济活动的一个客观规律是规模效应，工业与服务业等都需要一定的规模，才能实现集聚经济。同时，产业布局也需要降低不同产业之间的负外部性干扰，并满足社会、阶层、文化等诉求，于是在城市内部形成居住区、商业区、工业区等功能分区。

（1）从 SML 到 SSA 的产业集聚机制。集聚经济本质上来自地理成本、时间成本与知识扩散成本的节约。马歇尔将集聚经济分解为产业关联、劳动力匹配、知识溢出三大机制；Duranton 和 Puga（2004）从共享（Sharing）、匹配（Matching）和学习（Learning）角度进行了系统总结，形成了 SML 框架。[1]Behrens 等（2014）结合 Dixit 和 Stiglitz（1977）与 Henderson（1974）两大

---

[1] 参见：Duranton, G. and D. Puga, 2004, "Micro-foundations of urban agglomeration economies", in *Handbook of Regional and Urban Economics*, Elsevier：2063—2117.

框架，从空间排序（Sorting）、选择效应（Selection）和集聚经济（Agglomeration）三个方面解释了高才能个体与高效率企业在大城市显著聚集的现象，形成 SSA 框架。空间排序、选择效应和集聚经济三者相互影响，形成互补关系。[①]

在当前的全球竞争格局下，SML 框架仍然在绝大多数城市的发展及乡村振兴引致的乡村整合中发挥引领作用。通过集聚增加规模，进而提高公共服务供给质量的规律，理应受到更高的重视。SSA 框架则阐述了城市体系中不同等级城市的集聚差异，是指导不同规模城市开展产业布局的基础。

（2）功能分区与分异格局。为了获得同类个体或产业带来的集聚经济，减小不相关个体或产业的负外部性，城市空间出现了不同的功能分区模式。各地到城市中心的距离差异，形成了产业分布的"杜能环"规律。东京都区部集聚着注重各种信息交换的核心管理职能，从京滨地带到东京都多摩、神奈川县的广阔区域分布着 R&D 以及相应的中试生产功能，外侧则分布着量产部门。为了发挥工业的集聚效应并减少工业对居民生活的影响，中小规模城市内部出现工业区、商业区和住宅区的分异格局。芝加哥学派则基于城市土地利用结构与多元化社会关系的视角，提出了同心圆、扇形与多核心三大功能分区模型。

### 2. 集聚不经济与功能疏解

随着城市规模的扩展，功能分区的弊端开始显现：交通拥挤、资源紧张、环境污染、城市蔓延等集聚不经济日益突出。为了打破都市圈集聚不经济的路径依赖，地方政府必须积极作为，引导城市功能疏解。从功能疏解的空间形式来看，主要包括以下几种方式：

---

[①] 参见：Henderson, J. V., 1974, "The sizes and types of cities", *The American Economic Review*, 64(4): 640—656. Behrens, K., G. Duranton and F. Robert-Nicoud, 2014, "Productive cities: Sorting, selection, and agglomeration", *Journal of Political Economy*, 122(3): 507—553. Dixt, A. and J. Stiglitz, 1977, "Monopolistic Competition and Optimum Product Diversity", *American Economic Review*, 67(3): 297—308. Henderson, C. R., 1974, "General flexibility of linear model techniques for sire evaluation", *Journal of Dairy Science*, 57(8): 963—972.

（1）城市扩张。随着中心城区集聚不经济问题的日益突出，居民具有向郊区迁移的需求。郊区城镇也具有土地开发的动力，再加上政府在城市功能疏解方面的要求以及税收等方面的优惠，中心城区的功能不断向郊区疏散。不过，城市扩张导致消耗土地过多、依赖小汽车交通、破坏生态环境等问题。为此，各国政府规范土地利用性质，鼓励高密度紧凑发展，建立邻里单元和综合功能区，建设隔离绿带，强调精明增长。①

（2）多核心城市。从单核心城市向多核心城市演变是世界各国大城市发展的基本规律，多核心城市融合大中小城市的优点，能够有效实现大城市的功能疏解。②20世纪80年代以来，美国边缘城市（edge city）的兴起就是强调多核心城市的发展模式。

（3）新城建设。新城建设是为了营造新的社区，给人们提供更好的居住环境和生活条件，以吸引从中心城区疏散的人口和产业，疏导从外围流入的农村劳动力。与多核心城市中各个核心之间的关系相比，新城具有相对独立性，对中心城区的依赖较小。新城建设需要根据中心城市的特点与问题，谋划新城的规模、数量与区位。在建设初期需要积极发挥政府的作用，不断完善住房、医疗、教育、交通、商业等设施，带动人口与产业迁移，形成产业与就业的良性互动，促进新城成为相对独立的社区。

（4）同城化。同城化是指地域相邻的城市分别发挥不同的主导功能，城市之间形成相互依存的紧密联系。大城市固然提供了高端产品和服务，但是中小城市的功能同样不可忽视。不同规模城市的协同发展和同城化，是疏解大城市非核心功能的重要方式。从功能疏解的顺序看，出现了两种基本方式：以居住疏散为先导，带动产业疏散；以产业疏散为先导，逐步带动居住疏散。从疏散

---

① 参见张庭伟：《控制城市用地蔓延：一个全球的问题》，《城市规划》1999年第8期。
② 参见石忆邵：《从单中心城市到多中心城市——中国特大城市发展的空间组织模式》，《城市规划汇刊》1999年第3期。

的效果看，以居住疏散为起点的方式，服务设施配套起到了较为稳定的功能疏解效果。基本公共服务均等化决定着城市功能疏解能否实现，是否可以持续。

### 3. 多维转向与产城融合

长期以来，产业布局主要从经济视角研究经济活动的分布规律，重视工业，轻视服务业；重视经济效益，轻视社会效益；重视生产，轻视生活；重视企业，轻视人。自人文主义、后现代化主义和可持续发展理论出现后，社会结构、制度文化、产城融合受到越来越多的重视，出现了产业布局的多维转向。这种转向在都市圈建设中尤为显著。都市圈的产业布局不仅与经济发展密切相关，而且与社会发展、生态环境紧密相连。城市间的社会特征与社会结构，比如年龄结构、收入结构、文化结构等，不仅影响居住用地规模，而且影响公共服务设施的质量和数量，影响布局产业的类型。因此，都市圈的产业布局需要吸取社会发展方面的成果，增加产业布局的科学依据。

针对功能分区导致的功能分割、城市蔓延等问题，城市规划理论从注重功能分区的《雅典宪章》转向注重人与人之间相互关系的《马丘比丘宪章》《华沙宣言》和《北京宪章》，强调城市产业布局要以人为核心，更加重视社会文化和生态可持续发展。20世纪80年代以来，新产业空间、学习型区域、区域创新系统等新空间不断涌现，产业布局理论充分吸收新经济社会学所发展的"嵌入性""地方网络""关系资产""非贸易相互依赖"等理论工具，强调产业布局不仅是一个路径依赖和被制度化的过程，也是一个嵌入社会和建构关系的过程，产业布局出现了制度、文化、关系、尺度等多维转向。

中国自加入WTO以来，在全球化与城镇化的双重推动下，新城新区迅猛扩张。过快扩张的新城新区面临生活设施、教育、医疗等服务设施配套不足的问题，城市综合功能发展滞后，大量"鬼城"涌现，严重影响人们的生产与生活。新城新区在未来产业布局中要统筹考虑经济增长趋势、产业演变特征、社会功能结构等因素，合理确定新城规划范围、居住用地规模、公共设施的建设质量与数量，处理好产业与就业、生产与生活的关系，走好产城人融合之路。

## 2.3.2 现代产业体系的进步与迭代

现代产业变革既是产业发展的历史选择，又是现实经济发展的需要，更是产业发展演化规律的必然。经济学家们运用相关理论对产业的兴衰、转化、蜕变、转型、升级过程进行了深入分析，得出了产业发展演化的一般规律，从中可以总结出产业变革的理论逻辑。

### 1. 产业生命周期规律必然推动产业更新换代

产业生命周期理论认为，产业发展并不是固定不变的，它如同生命体一样，随着时间的推移发生变化，由产生、成长、成熟、稳定、衰退和死亡多个阶段构成，存在产业发展的生命周期规律。早在 20 世纪 70 年代，Uterback 和 Abernathy（1975）研究了产品生命周期现象，提出了生命周期 A-U 模型。[①] 在此基础上，Gort 和 Klepper（1982）在对 46 个产品长达 73 年的时间序列数据进行分析的基础上，按产业中的厂商数目将产品生命周期划分为引入、大量进入、稳定、大量退出和成熟等五个阶段[②]，从而建立了产业经济学意义上的第一个产业生命周期模型，即 G-K 模型。到 90 年代，Klepper 和 Graddy（1990）在 G-K 模型的基础上，提出了 K-G 产业生命周期理论，重点研究了技术因素对产业进化的影响。[③]Klepper 又通过对四个产业发展重点案例的研究，提出了技术效率存活的寡头进化理论。产业生命周期理论研究不断推进，

---

① 参见：Utterback, J. M. and W. J. Abernathy, 1975, "A dynamic model of process and product innovation", *Omega*, 3(6): 639—656.

② 参见：Gort, M. and S. Klepper, 1982, "Time paths in the diffusion of product innovations", *The Economic Journal*, 92(367): 630—653.

③ 参见：Klepper, S. and E. Graddy, 1990, "The evolution of new industries and the determinants of market structure", *The RAND Journal of Economics*, 27—44.

在各个分支的纷争和融合中逐步走向成熟。

一般认为，任何产业都会经历四个阶段：形成期、成长期、成熟期和衰退期。形成期是指产业产生以后，要素投入、产出规模和市场需求缓慢增长的时期；成长期是指产业的要素投入、产出规模和市场需求迅速增长的时期；成熟期是指某个产业的市场饱和，要素投入、产出规模进入缓慢增长的时期；衰退期是指某个产业的要素开始趋于退出，产出规模和市场需求下降趋势日益增强的时期。在衰退期如果出现了重大技术变革，该产业就可能结束衰退期，开始新的产业生命运动周期，即所谓产业蜕变期。一般形态的产业生命周期要依次经历这四个阶段。

从产业生命周期理论研究中，可以得到以下结论：任何产业的发展都遵循从产生到兴盛，再到衰退的演化规律，不可能保持永久不变，在产业生命周期的不同阶段会呈现不同特点，随着要素投入、产出规模和市场需求的发展变化而不同。产业生命周期的各个阶段是紧密相关的，前一个阶段为下一个阶段奠定基础，下一个阶段又是上一个阶段的必然延伸。产业成长不正常，出现成长过度或成长不足都会导致产业早熟或早衰现象。产业经过生命周期的各个阶段，还必须在每个阶段实现合理及时的转换。几乎所有产业发展到一定程度都有生命周期蜕变现象，一般会出现消亡、分化、派生、融合、转型等现象。

### 2. 产业结构演变规律必然推动结构转型升级

如果说产业生命周期规律研究的是单一产业内部发展演变的过程，那么产业结构演变规律就是要探讨产业之间的演变过程，从中可以探寻产业结构调整的必然趋向，从而探讨产业发展变革的理论机理。

配第—克拉克定理认为，随着经济的发展以及人均国民收入水平的提高，劳动力首先由一次产业向二次产业移动；当人均国民收入水平进一步提高时，劳动力便向三次产业移动。美国经济学家库兹涅茨从劳动力和国民收入在产业间的分布两个方面对产业结构进行了分析，得出了与配第、克拉克几乎相同的结论，形成了所谓的库兹涅茨法则。配第—克拉克定理和库兹涅茨法则指明了产业结构演变和经济社会发展的基本方向。产业依次从第一产业向第二、第三产业发展，由此引发人类社会发展基本规律：农业社会—工业社会—服务经济社会。三次产业比重变动有其必然性，随着经济社会的发展以及人均国民收入水平的提高，人们的消费总支出中用于满足衣、食等第一产业产出需要的部分必然会减少，而用于满足住、用、行、乐等第二、第三产业产出需要的部分必然增加。随着人们生活水平日益提高，对这些产品和服务质量的标准和要求日趋增高，因而产业结构依次变动的同时，需要不断提升产业发展质量。

根据产业结构演变规律，我们可以得出产业结构变动的几大趋势：一是产业结构呈现劳动密集型产业为主型—资本密集型产业为主型—技术密集型产业为主型的发展趋势；二是产业结构从原材料工业为主转向高加工度和高附加值化的趋势；三是新兴产业不断取代传统产业并成为主导产业的趋势。

### 2.3.3 现代产业体系的实现路径

现代产业体系的形成过程就是产业的空间结构不断调整、产业集聚化、最终形成产业集群的过程。产业集群是指在特定区域中，具有竞争与合作关系，且在地理上集中，有交互关联性的企业、专业化供应商、服务供应商、金融机构、相关产业的厂商及其他相关机构等组成的群体。美国经济学家迈克尔·波特认为，产业在地理上的集聚，能够对产业的竞争优势产生广泛而积极的影响，促进现代产业的发展。产业集群通过发挥规模效应、提高要素配置效率、促进产业分工、完善产业链和促进协同创新路径推动现代产业发展，构建现代产业体系。

#### 1. 发挥规模效应，提升现代产业竞争力

产业集群是区域经济发展的一种卓有成效的产业组织形式，能够提升集群中企业的竞争优势。产业集群内部各企业组织之间

具有密切的联系，按照产品之间的关系可以分为替代关系和互补关系。尽管对于替代关系的企业而言，集中意味着更为激烈的竞争，但是，同质企业的空间集聚在特定区域内形成了稳定的大规模的市场，为供应商的规模经济的实现创造了条件。对于互补关系的企业而言，大量互补性企业在特定区域内集聚，企业之间相互提供市场，一类企业的扩张便会带来另一类企业市场范围的扩大，同样有利于企业实现规模生产，随着企业产量规模的扩大，产品的平均成本呈下降趋势。产业集群的这种规模经济效应不仅体现在生产领域，而且体现在流通领域，企业在空间上的集聚使其更容易结成联盟或者伙伴关系，从而降低购买价格和运输成本。产业集群的上述效应会吸引更多的企业加入，从而实现更高水平的规模经济与范围经济，提升现代产业竞争力。

### 2. 提高资源配置效率，提升现代产业发展效率

产业集群推动了区域资源的配置效率。产业集群对区域资源的配置包括两个层面：从企业层面来看，产业集群发展要求企业必须明确自身在产业分工链条中的定位，有限的资源集中起来实行目标集中战略，即主攻某个特定的顾客群、某产品系列的一个细分区段或某一个地区市场。产业集群内部各种企业组织的存在使企业的这种目标集中战略得以实行，同类企业之间的竞争促使企业进行市场细分，配套企业的发展使企业可以将某些非核心职能外包，集中强化核心职能。从区域层面来看，产业集群中企业数量众多，市场发育水平较高，相关的配套服务产业较为发达，产权交易和企业并购等多种资本运作方式比较健全，企业进入和退出壁垒较低，优胜劣汰机制能够有效地发挥作用，那些效率较低的企业必将被淘汰出局，优势资源将会向更有效率的企业集中。这种由优胜劣汰机制决定的资源调整同样也会在产业之间发生，进而促进区域资源在产业之间的配置，提高资源配置效率，并提升现代产业的发展效率。

### 3. 完善产业链，优化现代产业发展生态

大量的集群间、集群与区域外经济行为主体的生产、贸易、

技术、信息、文化交流，跨越国家和区域的边界，把基于同一产业的不同区域的产业集群整合起来，就形成了全球产业链，这也是区域协作和全球产业分工的必然结果。产业链和产业集群之间存在着这种必然的内在联系。可见，产业集群作为产业链的空间载体，集群内部各企业及经济组织之间存在产业链关系，内部运行符合产业链的特征和要求。所以，产业集聚发展能够带来产业链的优化。产业链水平关系产业整体质量效益和国际竞争力的提升。因而，通过产业集群发展优化产业链，优化现代产业发展生态，能够促进现代产业发展。

### 4. 促进产业分工，推进现代产业体系构建

产业集群的主要表现就是为集群内企业建立起信任关系，这些企业在产业链的分工以及长期合作中形成了非正式的契约关系。产业集群内部核心企业在品牌、技术、规模上形成优势，企业内部的生产方式与体制日渐趋向柔性化、灵活性发展，企业之间的分工更加具体化、专业化。部分企业逐渐向分包商发展，围绕着大中型企业，合作方式日渐多样。随着分工协作发展不断深化，集群出现了超分工合作，即企业与中介机构、中介机构之间的合作，形成良性循环的创新系统。园区内企业之间以及各行为主体之间合作加强，在产业集群内形成创新氛围，对整个产业链产生影响，使产业分工更加细化，进一步提高整个产业的生产效率。同时，产业集群中相同的社会背景与价值系统是协调专业化分工的润滑剂，从而降低专业化分工合作的交易成本。产业集群的内在优势使专业化分工合作产生了基于产业集群的递增收益，推动现代产业的发展。

### 5. 有助于协同创新，支撑现代产业发展

产业集群是多种要素、多种主体、多种联系协同形成的社会经济现象。产业集群内大量企业中介机构、科研院所在地理上集中，这种地理空间上的聚集使得知识和信息的传播成本下降，促进知识的传播与扩散，尤其是隐含知识的交流，能激发新思想和新方法的应用。知识对创新起着重要作用，而集群内企业、机构

的地理接近性，以及相近的产业文化使企业间易于建立稳定和持续的关系，为组织内和组织间的隐含类经验知识传播与扩散提供了基础条件，有利于创新。产业集聚会带来更多技术、人才、信息、政策与管理等要素资源的共享，进而改善产业区域的人文条件，更大程度、更多地吸引国际资源、技术、资本等战略性资源，对产业创新起到重要作用，为现代产业发展提供支撑。

# 3

上海都市圈产业
发展水平

产业发展水平是一个地区经济发展的关键，也是培育现代化都市圈的重要支撑。上海都市圈四个城市都具有良好的产业基础，产业发展水平较高。上海都市圈的经济总量、人均 GDP、三次产业结构、地均产出和劳均产出等总体发展水平指标都高于深圳都市圈、广州都市圈、南京都市圈、成都都市圈、福州都市圈等国内都市圈，产业发展水平在国内领先。同时，上海都市圈也存在圈内城市产业发展水平差异较大，劳动生产率和地均产出低于国际顶尖都市圈等短板。上海都市圈需要进一步加强产业顶层设计，打造都市圈产业共同体，强化城市间产业分工协作，提高土地利用效率，完善产业链和产业空间布局，提升上海都市圈产业发展水平。

The level of industrial development is the key to a region's economic development and an important support for fostering a modern metropolitan area. All four cities in Shanghai Metropolitan area have a good industrial foundation and a high level of industrial development. The overall development indicators of Shanghai Metropolitan area, such as GDP, GDP per capita, industrial structure, output per land and output per labor, are all higher than those of the Shenzhen, Guangzhou, Nanjing, and Chengdu and Fuzhou Metropolitan areas. The level of industrial development is higher than that of other metropolitan areas in China. At the same time, Shanghai Metropolitan area also has shortcomings such as large differences in the level of industrial development within the area, and lower labor productivity and per capita output than the top international metropolitan areas. Shanghai Metropolitan area needs to further strengthen the top-level design of industries, build an industrial community in the metropolitan area, strengthen the industrial division of labor between cities, promote the efficiency of land use, improve the industrial chain and industrial spatial layout, and enhance the level of industrial development in Shanghai Metropolitan area.

## 3.1 上海都市圈产业发展水平分析

本节主要从经济总量、人均产出、经济增速、三次产业结构、地均产出和劳均产出等宏观指标对上海都市圈产业发展水平进行分析，并与深圳都市圈（包括深圳、东莞、惠州全域和河源、汕尾等两市的都市区部分）[①]、广州都市圈（包括广州、佛山全域和肇庆、清远、云浮、韶关等四市的都市区部分）[②]、南京都市圈（包括南京、镇江、扬州、淮安、芜湖、马鞍山、滁州、宣城等八市全域及常州市金坛区和溧阳市）[③]、成都都市圈（成都、德阳、眉山、资阳全域）[④] 和福州都市圈（福州、莆田两市全域，宁德市蕉城区、福安市、霞浦县、古田县，南平市延平区和建阳区、建瓯市部分地区，以及平潭综合实验区）[⑤] 进行比较分析。

### 3.1.1 经济总量水平

从经济总量来看，2015—2020 年，上海都市圈增长较快，由 2016 年的 49 293.73 亿元增加到 2020 年的 74 416.86 亿元（图 3.1）。从占全国比重来看，2015—2020 年，上海都市圈经济总量占全国 GDP 的比重保持在 7% 以上。2020 年，上海都市圈经济总量在全国占比达到 7.34%。上海都市圈经济基础优越，经济实力强，发展水平高，现代产业集群发展，是长三角地区乃至全国经济重要的增长极，对全国经济发展的引领作用显著。

对比不同都市圈，2020 年上海都市圈经济总量在六个都市圈中经济实力最强，排在首位；深圳都市圈和南京都市圈分列第二和

---

①② 参见广东省人民政府：《广东省国民经济和社会发展第十四个五年规划和 2035 年远景目标纲要》，2021 年。
③ 参见江苏省人民政府、安徽省人民政府：《南京都市圈发展规划》，2021 年。
④ 参见四川省人民政府：《成都都市圈发展规划》，2021 年。
⑤ 参见福建省人民政府：《福州都市圈发展规划》，2021 年。

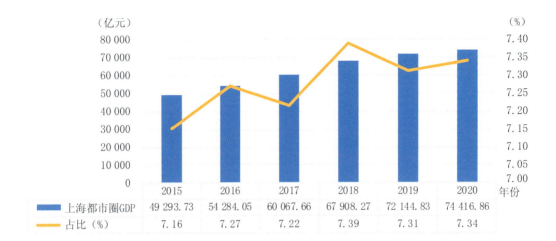

| | 2015 | 2016 | 2017 | 2018 | 2019 | 2020 |
|---|---|---|---|---|---|---|
| 上海都市圈GDP | 49 293.73 | 54 284.05 | 60 067.66 | 67 908.27 | 72 144.83 | 74 416.86 |
| 占比（%） | 7.16 | 7.27 | 7.22 | 7.39 | 7.31 | 7.34 |

**图 3.1**
**上海都市圈生产总值与占全国比重（2015—2020 年）**

资料来源：课题组整理计算。

**图 3.2**
**六个都市圈经济总量（2020 年）**

资料来源：课题组整理计算。

第三名，经济总量分别为 43 768.77 亿元和 41 750.77 亿元；广州都市圈、成都都市圈和福州都市圈排在后三名，经济总量分别为 39 968.45 亿元、22 352.02 亿元和 15 474.46 亿元（图 3.2）。六个都市圈间经济总量差距较大。其中，上海都市圈经济总量分别是深圳都市圈、南京都市圈、广州都市圈、成都都市圈和福州都市圈的 1.7 倍、1.78 倍、1.86 倍、3.33 倍、4.8 倍。从经济总量看，上海都市圈在国内都市圈中具有一定的优势，经济发展水平较高。

2015—2020 年，上海、苏州、南通和嘉兴四个城市的地区生

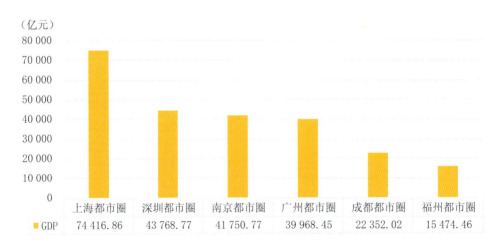

| | 上海都市圈 | 深圳都市圈 | 南京都市圈 | 广州都市圈 | 成都都市圈 | 福州都市圈 |
|---|---|---|---|---|---|---|
| GDP | 74 416.86 | 43 768.77 | 41 750.77 | 39 968.45 | 22 352.02 | 15 474.46 |

产总值（GDP）均呈现快速增长的趋势。2020 年，上海地区生产总值为 38 700.58 亿元，位于首位，比第二名苏州高 18 530.13 亿元。南通、嘉兴的地区生产总值分列第三、第四位，分别为 10 036.31 亿元、5 509.52 亿元（图 3.3）。上海都市圈内各城市经济总量差距较大，上海经济实力最强。2020 年，上海 GDP 分别是苏州、南通、嘉兴的 1.95 倍、3.86 倍、7.02 倍。2020 年，上海、苏州、南通、嘉兴经济总量占上海都市圈经济总量的比重分别为 52%、27.1%、13.5%、7.4%。上海 GDP 占比超过 50%，表明上海的产业和经济发展水平对上海都市圈的经济发展有着引领作用。

**图 3.3**
**上海都市圈各城市 GDP（2016—2020 年）**

资料来源：课题组整理计算。

| | 2016 | 2017 | 2018 | 2019 | 2020 |
|---|---|---|---|---|---|
| 嘉兴 | 3 862.11 | 4 380.52 | 4 871.98 | 5 370.32 | 5 509.52 |
| 南通 | 6 768.20 | 7 734.64 | 8 427.00 | 9 383.39 | 10 036.31 |
| 苏州 | 15 475.09 | 17 319.51 | 18 597.47 | 19 235.80 | 20 170.45 |
| 上海 | 28 178.65 | 30 632.99 | 36 011.82 | 38 155.32 | 38 700.58 |

## 3.1.2  经济增长水平

经济增长速度能够反映一定时期经济发展水平的变化程度，同时也能够反映区域经济发展是否具有活力。因而，经济增长速度是经济和产业发展水平的重要指标。

对比不同都市圈，六个都市圈 GDP 增速在 2016—2018 年间整体呈现上升趋势，2019 年开始出现一定程度的下降，特别是 2020 年，由于受到新冠肺炎疫情的冲击，GDP 增速相比往年出现

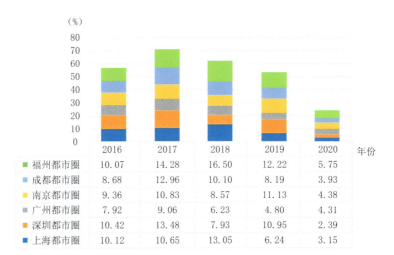

| | 2016 | 2017 | 2018 | 2019 | 2020 |
|---|---|---|---|---|---|
| 福州都市圈 | 10.07 | 14.28 | 16.50 | 12.22 | 5.75 |
| 成都都市圈 | 8.68 | 12.96 | 10.10 | 8.19 | 3.93 |
| 南京都市圈 | 9.36 | 10.83 | 8.57 | 11.13 | 4.38 |
| 广州都市圈 | 7.92 | 9.06 | 6.23 | 4.80 | 4.31 |
| 深圳都市圈 | 10.42 | 13.48 | 7.93 | 10.95 | 2.39 |
| 上海都市圈 | 10.12 | 10.65 | 13.05 | 6.24 | 3.15 |

**图 3.4**
**六个都市圈 GDP 增速**
**（2016—2020 年）**

资料来源：课题组整理计算。

大幅下滑。其中，上海都市圈 GDP 增速在 2019 年和 2020 年出现了断崖式下滑，由 2018 年的 13.05% 下降到 2019 年的 6.24% 和 2020 年的 3.15%。2019 年和 2020 年上海都市圈 GDP 增速在六个都市圈中都排名倒数第二（图 3.4），表明尽管上海都市圈经济总量在六个都市圈中排名第一，但增长动力略显不足。因而，上海都市圈产业发展需要注重新旧动能转换和提质增效。

从上海都市圈四个城市来看，2016—2020 年，上海、苏州、南通和嘉兴 GDP 增速表现出逐年下降的趋势。2016—2020 年，上海的 GDP 增速分别为 6.9%、6.9%、6.8%、6.0% 和 1.7%（图 3.5），在四个城市中 GDP 增速始终最低（仅 2019 年高于苏州）。由此表明，经济总量基数大，经济发展速度将受到一定影响。由于上海经济总量占上海都市圈经济总量的比重超过 50%，上海经济增长速度放缓对上海都市圈的整体经济增长会产生一定的负面影响。因而，需要上海在谋求高质量发展中保持一定的增速，同时，苏州、南通和嘉兴保持较快增速，才能够保证上海都市圈实现稳定较快增长。

2016—2020 年，上海、苏州、南通和嘉兴第二产业增速整体呈现下降的趋势（图 3.6）。其中，除 2017 年达到 6.4%，上海第二产业增速均低于 2%，保持低水平运行的态势。近几年上海市

| 年份 | 2016 | 2017 | 2018 | 2019 | 2020 |
|---|---|---|---|---|---|
| 嘉兴 | 7.00 | 7.80 | 7.60 | 7.00 | 3.50 |
| 南通 | 9.30 | 7.80 | 7.20 | 6.20 | 4.70 |
| 苏州 | 7.50 | 7.10 | 7.00 | 5.60 | 3.40 |
| 上海 | 6.90 | 6.90 | 6.80 | 6.00 | 1.70 |

工业经历动能转换，化工、钢铁、汽车等占比较高的传统产业增速下降，导致上海工业增速下滑。集成电路、生物医药和人工智能等战略性新兴产业快速发展，但由于体量占上海工业比重较低，对上海工业整体增长拉动作用还有待加强。苏州、南通和嘉兴三市的第二产业保持平稳较快增长，呈现良好的发展态势。特别是苏州集成电路、生物医药、纳米技术等新兴行业快速发展，形成多个千亿级产业集群，促进苏州工业的动能转换，保持较快增长态势。

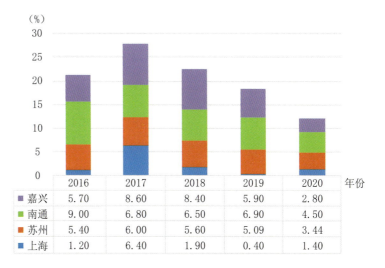

| 年份 | 2016 | 2017 | 2018 | 2019 | 2020 |
|---|---|---|---|---|---|
| 嘉兴 | 5.70 | 8.60 | 8.40 | 5.90 | 2.80 |
| 南通 | 9.00 | 6.80 | 6.50 | 6.90 | 4.50 |
| 苏州 | 5.40 | 6.00 | 5.60 | 5.09 | 3.44 |
| 上海 | 1.20 | 6.40 | 1.90 | 0.40 | 1.40 |

2016—2019 年，上海、苏州、南通、嘉兴四市的第三产业都保持平稳较快增长的态势，特别是上海第三产业增速都在 8% 左右（图 3.7）。2020 年，因为受到新冠肺炎疫情冲击，四个城市第三产业增速出现了明显下滑。上海、苏州、南通、嘉兴第三产业占比都较高，特别是上海，第三产业在 2020 年占比达到 73.15%。第三产业是经济稳定运行的压舱石，因此，上海都市圈需要更好释放第三产业的发展潜力，保持第三产业平稳快速增长。

**图 3.7**
**上海都市圈各城市第三产业增速（2016—2020 年）**

资料来源：课题组整理计算。

| | 2016 | 2017 | 2018 | 2019 | 2020 |
|---|---|---|---|---|---|
| 嘉兴 | 9.10 | 7.30 | 7.10 | 8.50 | 2.80 |
| 南通 | 10.70 | 9.40 | 8.40 | 5.70 | 5.10 |
| 苏州 | 9.70 | 8.20 | 8.10 | 6.29 | 3.49 |
| 上海 | 9.60 | 7.50 | 8.70 | 8.20 | 1.80 |

### 3.1.3　三次产业结构

　　随着技术进步和生产专业化程度的提高，社会分工和市场经济不断发展深化，进而带动三次产业结构的变动。一般来说，产业结构演变呈现出以第一产业为主导，依次向以第二产业和第三产业为主导转变的特征。

　　对比不同都市圈，按第三产业占比由高到低进行排名，依次是上海都市圈的 62.13%、广州都市圈的 61.99%、成都都市圈的 61.42%、深圳都市圈的 56.28%、南京都市圈的 52.88%、福州都市圈的 50.95%（图 3.8）。深圳都市圈、南京都市圈和福州都市圈的第二产业占比超过 40%，表明工业发展在这三个都市圈经济发展中起到重要作用，处于第三产业和第二产业发展并重的阶段。福州都市圈在六个都市圈中第一产业占比最高，为 6.68%，上海都市圈最低，为 1.19%。上海都市圈的第三产业占比最高，达到62.13%，表明上海都市圈在六个都市圈中的产业高度化水平最高，已经形成以第三产业为主的产业结构。

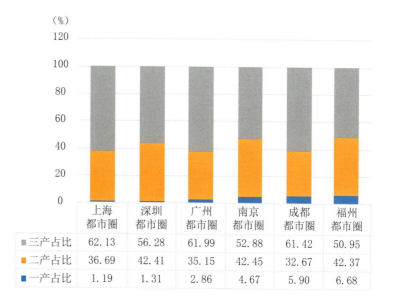

(%)

| | 上海都市圈 | 深圳都市圈 | 广州都市圈 | 南京都市圈 | 成都都市圈 | 福州都市圈 |
|---|---|---|---|---|---|---|
| ■ 三产占比 | 62.13 | 56.28 | 61.99 | 52.88 | 61.42 | 50.95 |
| ■ 二产占比 | 36.69 | 42.41 | 35.15 | 42.45 | 32.67 | 42.37 |
| ■ 一产占比 | 1.19 | 1.31 | 2.86 | 4.67 | 5.90 | 6.68 |

**图 3.8**
**六个都市圈三次产业占比**
**（2020 年）**

资料来源：课题组整理计算。

综合来看，2015—2020 年，上海都市圈呈现第一产业和第二产业占比逐年降低，第三产业占比逐年上升的趋势。其中，第一产业占比由 2015 年的 1.66% 降低为 2020 年的 1.19%，第二产业占比由 2015 年的 40.30% 降低为 2020 年的 36.69%，第三产业占比由 2015 年的 58.04% 增加为 2020 年的 62.13%（图 3.9）。可以看出，上海都市圈第一产业占比极低，经济发展主要依靠第二和第三产业，反映出上海都市圈较强的第二、第三产业实力。第三产业占比达到 62.13%，也表明上海都市圈产业结构进一步向服务业转型升级的特征事实。

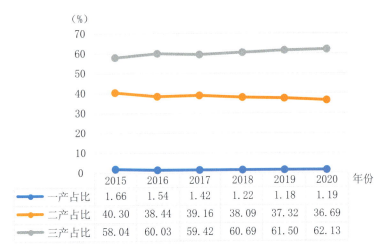

图 3.9
**上海都市圈三次产业占比**
**（2015—2020 年）**

资料来源：课题组整理计算。

| | 2015 | 2016 | 2017 | 2018 | 2019 | 2020 |
|---|---|---|---|---|---|---|
| 一产占比 | 1.66 | 1.54 | 1.42 | 1.22 | 1.18 | 1.19 |
| 二产占比 | 40.30 | 38.44 | 39.16 | 38.09 | 37.32 | 36.69 |
| 三产占比 | 58.04 | 60.03 | 59.42 | 60.69 | 61.50 | 62.13 |

2020 年，上海的三次产业占比分别为 0.27%、26.59% 和 73.15%。第三产业与第二产业增加值之比已经达到 2.75，第三产业比重明显高于第一和第二产业，表明上海产业发展进入后工业化发展阶段，第三产业已经成为上海经济增长最重要的推动力。苏州、南通、嘉兴的第二产业和第三产业的占比分别为：46.53% 和 52.49%、47.49% 和 47.94%、51.93% 和 45.82%（图 3.10），表明苏州、嘉兴和南通已经逐渐从第二产业主导转向第二、第三产业双轮驱动阶段。

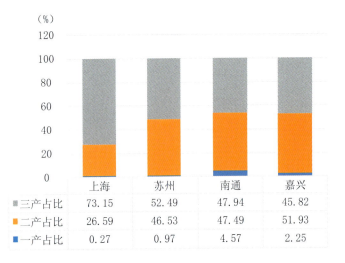

**图 3.10**
**上海都市圈各城市三次产业占比（2020 年）**

资料来源：课题组整理计算。

| | 上海 | 苏州 | 南通 | 嘉兴 |
|---|---|---|---|---|
| 三产占比 | 73.15 | 52.49 | 47.94 | 45.82 |
| 二产占比 | 26.59 | 46.53 | 47.49 | 51.93 |
| 一产占比 | 0.27 | 0.97 | 4.57 | 2.25 |

### 3.1.4 人均产出水平

　　人均 GDP 能够客观地反映区域内社会发展水平和产业发展水平。上海都市圈是中国经济最活跃和最发达的地区之一，以 GDP 总量／常住人口计算的上海都市圈人均 GDP 处于全国领先水平。2015—2019 年，上海都市圈人均产出水平整体呈现逐年上涨的趋势。上海都市圈人均 GDP 由 2015 年的 10.81 万元增加到 2019 的 15.33 万元（图 3.11）。由于疫情影响，2020 年小幅下降为 14.69 万元，约为 2020 年全国人均 GDP 的 2 倍。这表明上海都市圈整体产业发展水平较高，在全国具有一定的优势。

**图 3.11**
**上海都市圈人均 GDP（2015—2020 年）**

资料来源：课题组整理计算。

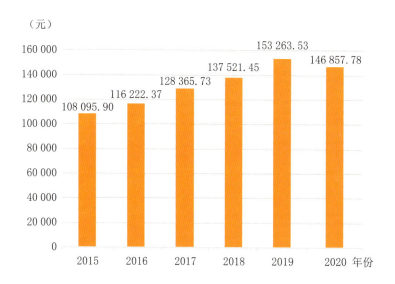

　　对比六个都市圈，2020 年上海都市圈人均 GDP 为 14.69 万元，高于其他五个都市圈。其后依次是南京都市圈 11.82 万元、深圳都市圈 11.12 万元、广州都市圈 10.74 万元、福州都市圈 10.50 万元和成都都市圈 7.45 万元（图 3.12）。2015—2020 年，不同都市圈人均 GDP 之间的差距呈现扩大的趋势。2020 年，上海都市圈人均 GDP 是排名第二的南京都市圈的 1.24 倍，是排名最后的成都都市圈的 1.97 倍。这表明上海都市圈人均产出水平和其他都

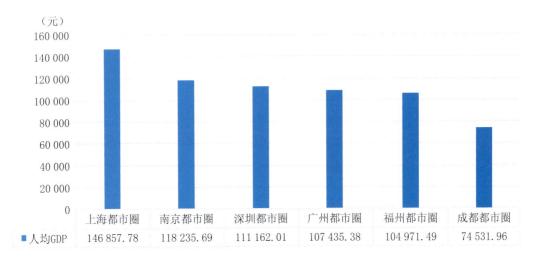

| | 上海都市圈 | 南京都市圈 | 深圳都市圈 | 广州都市圈 | 福州都市圈 | 成都都市圈 |
|---|---|---|---|---|---|---|
| ■ 人均GDP | 146 857.78 | 118 235.69 | 111 162.01 | 107 435.38 | 104 971.49 | 74 531.96 |

**图 3.12**
**六个都市圈人均 GDP（2020 年）**

资料来源：课题组整理计算。

市圈相比具有明显优势。

2016—2020 年，上海、苏州、南通和嘉兴四个城市人均 GDP 呈现逐年上升趋势，且各城市间差距逐渐缩小。2020 年，苏州人均 GDP 在四个城市中最高，达到 15.85 万元，其次是上海的 15.58 万元。南通和嘉兴排在第三和第四，分别为 12.99 万元和 10.25 万元（图 3.13）。四个城市的人均 GDP 都超过 10 万元，显著高于全国平均水平。

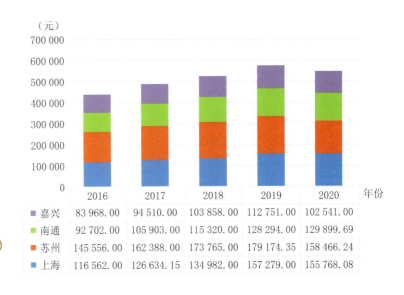

| | 2016 | 2017 | 2018 | 2019 | 2020 |
|---|---|---|---|---|---|
| ■ 嘉兴 | 83 968.00 | 94 510.00 | 103 858.00 | 112 751.00 | 102 541.00 |
| ■ 南通 | 92 702.00 | 105 903.00 | 115 320.00 | 128 294.00 | 129 899.69 |
| ■ 苏州 | 145 556.00 | 162 388.00 | 173 765.00 | 179 174.35 | 158 466.24 |
| ■ 上海 | 116 562.00 | 126 634.15 | 134 982.00 | 157 279.00 | 155 768.08 |

**图 3.13**
**上海都市圈各城市人均 GDP（2016—2020 年）**

资料来源：课题组整理计算。

## 3.1.5 地均产出水平

以地区生产总值／土地总面积计算的地均产出水平能够反映地区单位土地面积的经济产出水平，也能够反映产业空间布局水平和土地的利用效率。

对比六个都市圈，2020 年上海都市圈地均产出为 2.77 亿元／平方千米，在六个都市圈中排名第一，其后依次为深圳都市圈的 1.20 亿元／平方千米、广州都市圈的 0.71 亿元／平方千米、成都都市圈的 0.67 亿元／平方千米、南京都市圈的 0.64 亿元／平方千米、福州都市圈的 0.46 亿元／平方千米（图 3.14）。上海都市圈地均产出是排名第二的深圳都市圈的 2.3 倍，是排名最后的福州都市圈的 6 倍，表明上海都市圈经济密度较高，能够以较低的土地资源消耗支撑更高质量、更有效益的经济发展。

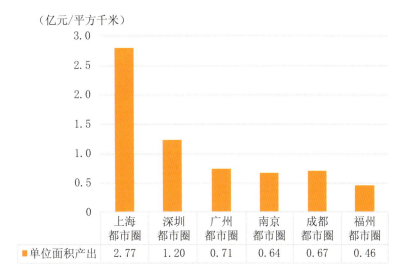

（亿元／平方千米）

**图 3.14
六个都市圈地均产出
（2020 年）**

资料来源：课题组整理计算。

| | 上海都市圈 | 深圳都市圈 | 广州都市圈 | 南京都市圈 | 成都都市圈 | 福州都市圈 |
|---|---|---|---|---|---|---|
| 单位面积产出 | 2.77 | 1.20 | 0.71 | 0.64 | 0.67 | 0.46 |

从内部来看，2020 年上海的地均产出水平最高，达到 6.1 亿元／平方千米；其次是苏州，地均产出为 2.33 亿元／平方千米。嘉兴和南通的地均产出分别是 1.41 亿元／平方千米和 1.25 亿元／平方千米（图 3.15）。四个城市间差距较大，上海地均产出水平显著高于其他三个城市，苏州、南通和嘉兴地均产出水平有待提高。

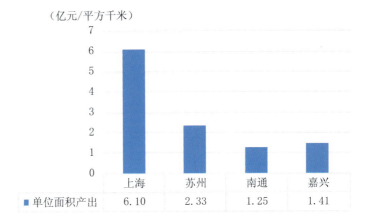

（亿元/平方千米）

图 3.15
上海都市圈各城市地均产
出（2020 年）

资料来源：课题组整理计算。

| | 上海 | 苏州 | 南通 | 嘉兴 |
|---|---|---|---|---|
| ■ 单位面积产出 | 6.10 | 2.33 | 1.25 | 1.41 |

### 3.1.6　劳均产出水平

　　劳均产出水平即劳动生产率，以地区生产总值与从业人员之
比表示，能够较好地反映地区经济或产业的生产效率水平。

　　对比六个都市圈，上海都市圈劳均产出水平最高。2019 年，
上海都市圈劳均产出为 24.95 万元 / 人。福州都市圈和广州都市圈
分别排在第二和第三名，劳均产出分别是 18.57 万元 / 人和 18.1
万元 / 人；南京都市圈、深圳都市圈和成都都市圈分列第四、第
五和第六名，劳均产出分别是 17.78 万元 / 人、16.57 万元 / 人和
13.89 万元 / 人（图 3.16）。上海都市圈劳均产出水平与其他都市

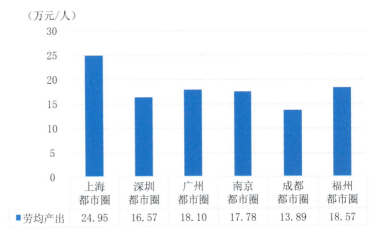

图 3.16
六个都市圈劳均产出
（2019 年）

资料来源：课题组整理计算。

| | 上海<br>都市圈 | 深圳<br>都市圈 | 广州<br>都市圈 | 南京<br>都市圈 | 成都<br>都市圈 | 福州<br>都市圈 |
|---|---|---|---|---|---|---|
| ■ 劳均产出 | 24.95 | 16.57 | 18.10 | 17.78 | 13.89 | 18.57 |

圈相比具有一定的优势，表明上海都市圈劳动生产率较高。

从上海都市圈内部来看，2015—2019年，各城市的整体劳均产出水平逐年上升，呈现大幅度增长态势。上海由18.45万元/人增加到27.73万元/人，苏州由20.98万元/人增加到27.77万元/人，南通由12.84万元/人增加到19.25万元/人，嘉兴由10.70万元/人增加到25.98万元/人（图3.17）。在四个城市中，苏州的劳均产出水平最高，其次为上海、南通和嘉兴。上海劳均产出水平低于苏州，主要是由于上海第三产业占比高，且上海第三产业劳均产出水平低于苏州，进而造成上海整体劳均产出水平低于苏州。

**图 3.17**
**上海都市圈各城市劳均产出（2015—2019年）**

资料来源：课题组整理计算。

（万元/人）

| | 2015 | 2016 | 2017 | 2018 | 2019 |
|---|---|---|---|---|---|
| 上海 | 18.45 | 20.64 | 22.32 | 26.18 | 27.73 |
| 苏州 | 20.98 | 22.39 | 25.04 | 26.86 | 27.77 |
| 南通 | 12.84 | 14.05 | 15.94 | 17.32 | 19.25 |
| 嘉兴 | 10.70 | 11.71 | 13.18 | 14.52 | 15.98 |

2015—2019年，上海、苏州、南通和嘉兴第二产业劳均产出呈现逐年上升的趋势，上海由17.38万元/人增加到30.68万元/人，苏州由17万元/人增加到22.61万元/人，南通由13.8万元/人增加到22.32万元/人，嘉兴由9.94万元/人增加到13.39万元/人（图3.18）。2019年，上海的第二产业劳动产出是苏州的1.36倍、南通的1.47倍和嘉兴的1.87倍，城市间差距较2015年有所扩大。近几年，上海的第二产业新旧动能转换，提质

**图 3.18**
**上海都市圈各城市第二产业劳均产出（2015—2019 年）**

资料来源：课题组整理计算。

| 年份 | 2015 | 2016 | 2017 | 2018 | 2019 |
|---|---|---|---|---|---|
| 上海 | 17.38 | 18.74 | 21.67 | 24.50 | 30.68 |
| 苏州 | 17.00 | 17.66 | 20.14 | 22.01 | 22.61 |
| 南通 | 13.80 | 14.89 | 17.28 | 18.92 | 22.32 |
| 嘉兴 | 9.94 | 11.00 | 12.80 | 14.58 | 16.39 |

增效效果显著，第二产业劳均产出水平大幅度提高。

2015—2019 年，上海、苏州、南通和嘉兴第三产业劳均产出保持平稳增长。上海由 19.89 万元 / 人增加到 27.76 万元 / 人，苏州由 28.62 万元 / 人增加到 36.99 万元 / 人，南通由 16.57 万元 / 人增加到 21.15 万元 / 人，嘉兴由 13.58 万元 / 人增加到 17.56 万

**图 3.19**
**上海都市圈各城市第三产业劳均产出（2015—2019 年）**

资料来源：课题组整理计算。

| 年份 | 2015 | 2016 | 2017 | 2018 | 2019 |
|---|---|---|---|---|---|
| 上海 | 19.89 | 22.57 | 23.55 | 28.01 | 27.76 |
| 苏州 | 28.62 | 31.19 | 34.10 | 35.69 | 36.99 |
| 南通 | 16.57 | 18.32 | 19.55 | 20.61 | 21.15 |
| 嘉兴 | 13.58 | 14.49 | 15.59 | 16.58 | 17.56 |

元／人（图 3.19）。四个城市中，苏州的第三产业劳均产出水平最高，其次是上海，南通和嘉兴排第三和第四名。苏州和上海的劳均产出分别是嘉兴的 2.11 倍和 1.58 倍，城市间的差距比较明显。

## 3.2 上海都市圈产业发展短板分析

### 3.2.1 圈内城市产业发展水平差异较大

上海都市圈产业发展水平的差异，体现在总量和结构两个方面。

上海都市圈的总量指标在国内处于领先水平，产业发展水平较高。但是，都市圈内上海、苏州、南通和嘉兴四个城市产业发展水平存在较大的不均衡。从总量水平看，2020 年，上海的经济总量是苏州的 1.92 倍、南通的 3.86 倍和嘉兴的 7.02 倍，上海占都市圈经济总量比重超过 50%。从地均产出看，上海地均产出是苏州的 2.62 倍、南通的 4.87 倍和嘉兴的 4.34 倍。虽然适度的产业差异有助于都市圈产业协同发展，但是，城市间差距较大，内部发展不平衡已经成为上海都市圈协同发展的一个障碍。产业发展水平的不平衡将带来基础设施建设投入、公共服务供给能力和供给标准等方面的差异，导致相关领域的区域性供需矛盾突出。当前，上海发展受到土地等要素资源的约束，需要在更大范围内配置资源，进而需要圈内各城市实现更高水平的协同发展。上海都市圈内部差距长期存在，不利于城乡建设、公共服务、社会和生态治理等方面的全面融合，不仅影响上海都市圈的协同发展水平，还将影响上海都市圈产业发展的竞争力。

从产业结构看，上海、苏州、南通和嘉兴四个城市各自处于产业发展的不同阶段。上海的第三产业占比已经达到 70%，产业结构不断优化，服务业已经成为上海经济发展的主要动力。当前，上海的制造业处于新旧动能转换的关键阶段，传统产业"退潮"和结构调整仍将延续，新兴产业加快培育成长。苏州、南通和嘉兴的产业发展都处于第二产业和第三产业并重的阶段。2020年，苏州的第三产业和第二产业占比分别为52.49%和46.53%，南通的第三产业和第二产业占比分别为47.94%和47.49%，嘉兴的第三产业和第二产业占比分别为45.82%和51.93%。苏州、南通两市第三产业占比超过第二产业，嘉兴第三产业占比低于第二产业，南通和嘉兴传统制造业转型升级还需加大力度。由于各个城市所处的产业发展阶段不同，经济转型发展任务和产业发展侧重点也不同，上海都市圈尚未形成一个联系紧密的产业圈，限制了圈内各城市的产业协同发展。因此，上海都市圈将进一步统筹产业协同发展，以加强产业联系的紧密程度。

### 3.2.2　地均产出水平与国际都市圈相比有待提高

上海都市圈的地均产出在国内都市圈中相对较高，表明上海都市圈集约型发展取得了一定的效果。但从数据看，上海都市圈和其他全球城市所在的都市圈相比差距较大。2020年，上海都市圈地均产出为2.77亿元/平方千米，远低于大伦敦区的14.8亿元/平方千米和东京都市圈的6.6亿元/平方千米。从城市层面来看，2020年上海、苏州、南通和嘉兴的地均产出分别为6.1亿元/平方千米、2.33亿元/平方千米、1.41亿元/平方千米和1.25亿元/平方千米，只相当于纽约、东京、新加坡、伦敦等城市的1/5—1/4。[①]地均产出能够侧面反映各地的土地利用率和产出效益。在经济转型升级的调整期，城市土地日益紧张，科学配置土地资源，提高地均产出效益，对提高产业发展水平和实现经济高质量发展具有重要意义。上海都市圈的地均产出水平有待进一步提高。

---

① 数据来自：《34个都市圈：哪个经济实力强，哪个发展潜力大》，《第一财经》2019年3月21日。

### 3.2.3 劳动生产率与国际都市圈相比差距较大

上海都市圈的劳动生产率（劳均产出）在国内都市圈中都处于领先水平，但与世界上其他发达都市圈相比，差距较大。2019年，上海都市圈劳动生产率为24.95万元/人。其中，上海为27.73万元/人，苏州为27.77万元/人，南通为19.25万元/人，嘉兴为25.98万元/人。而东京都市圈、大伦敦、巴黎大区和纽约都市圈全社会劳动生产率分别达75万元/人、90万元/人、94万元/人、99万元/人。[①] 在土地资源约束的背景下，高质量发展离不开劳动生产率的提高。提升劳动生产率是实现经济高质量发展的重要方向，也是上海都市圈产业发展水平提高的关键。

## 3.3 提高上海都市圈产业发展水平的路径

"十四五"期间，上海都市圈需要加强产业发展统筹规划，促进产业分工协作，完善空间布局，提升土地利用效率，进一步提升上海都市圈产业发展水平。

### 3.3.1 加强顶层设计，打造都市圈产业共同体

加强上海都市圈发展规划统筹，促进都市圈政策体系由"分散型"向"一体化"转变。从上海都市圈整体发展目标出发，明确上海、苏州、南通和嘉兴四城的城市功能分工，推动都市圈产业协同发展，统筹各城市产业发展规划，促使各城市各类产业专项规划相互衔接、相互协调。建立形成城市间多层次合作协商机制，深化完善常态长效体制机制，增强区域合作政策协调机制的有效性，构建协调推进区域合作中的重大事项和重大产业项目等政策平台。完善相关信息沟通渠道，如建立定期沟通机制、常规

---

① 数据来自仇保兴、邓羽：《"减量发展"：首都开启高质量发展的新航标》，《北京日报》2018年5月28日。

问题协调机制和日常监督工作机制。同时，建立区域统一市场，破除都市圈内城市间行政壁垒，促进经济资源要素在都市圈范围内自由合理流动，通过市场吸收和消化不合理的产业布局，从而促使产业结构的多元化，打造都市圈产业共同体。

### 3.3.2 强化产业分工协作，提升产业集聚水平

上海都市圈要以强化产业分工协作和产业链配套为核心，立足现有优势产业、资源禀赋、环境容量，引导生产要素合理流动。进一步细化明确圈内各城市产业发展方向和产业定位，充分发挥各自比较优势，在产业集聚和产业演进中走向错位发展、特色发展和梯度发展。在彼此错位发展中集聚各自优势产业，实现产业链接，打破城市间产业集聚和分工协作上相互制约的体制障碍。在产业分工方面，以充分发挥各地比较优势为导向，构建更具国际竞争力的产业链空间分工体系，增强上海都市圈产业发展核心竞争力。推动形成上海都市圈新的产业集聚效应和增长动力，不断提升产业集聚水平和发展质量效益，促进上海产业发展迈向中高端，形成现代产业体系，实现经济高质量发展。

### 3.3.3 推动产业集约化发展，提高土地利用效率

立足新发展格局，提升上海都市圈国土空间利用效率。引导企业集群集聚发展，最大限度优化产业空间布局，建立科学的园区节约集约用地绩效评价体系，提高单位国土面积经济贡献率。提高产业功能区土地利用规划适配性，塑造紧凑集约、宜业适度的新型产业空间布局形态。对上海来说，虽然地均产出相对较高，为突破土地资源利用约束，应采取城市更新的方式进行土地空间腾挪，调整土地存量，控制土地增量，整体提高土地利用效率。对地均产出相对较低的苏州、南通和嘉兴等城市来说，应该进一步提高产业转型升级，提高单位土地产出效率；对土地利用情况

进行摸底，制定以"亩产论英雄"和"排污一票否决"相结合的效率管理模式，划定生产效率红线，淘汰、整治和调整低效率企业，同时对高生产效率企业给予政策优惠、容积率奖励等，实现土地空间置换，最终提高土地利用效率。

### 3.3.4　推动产业链迈向高端，优化产业空间布局

　　都市圈已经成为中国新兴产业集聚和技术创新中心，是承载发展要素、对接全球价值链的主要空间载体。提升都市圈产业链现代化水平对于加强都市圈产业发展至关重要。目前上海都市圈各城市的产业发展已经具有一定的协同基础，在现有分工下需要进一步优化完善相关产业链。加快推动重点产业发展，特别要重视发展高技术产业和战略性新兴产业，形成构筑现代产业体系的有力支撑。此外，在延长、加强产业链的同时还要注重提高产业链质量，推动产业链迈向高端。产业园区是产业发展的集聚区和经济绿色转型的重要载体。未来，上海都市圈需要进一步加快高技术产业园建设，完善科技园区创新生态，优化产业空间布局，通过产业园区培育新兴产业，发展壮大龙头企业，进而推动新兴产业快速发展，提升上海都市圈产业发展水平。

# 4

## 上海都市圈产业
## 创新生态

产业创新生态是构建现代产业体系的重要基础和关键路径。上海都市圈具有较为完善的产业创新生态，以科技型企业为代表的创新主体蓬勃发展，科教人才资源丰富，为上海都市圈产业创新生态发展提供人才支撑。在创新投入方面，上海都市圈研发投入强度排名全国前列，财政性科技投入持续增加，有效引导产业创新发展。以专利为代表的产业创新成果持续增加，其中发明专利占比逐年提高，产业创新成果质量明显提高；技术市场成交活跃，科技成果转化和科技成果吸纳能力显著。良好的知识产权服务和政府产业创新政策为上海都市圈产业创新生态创造良好环境。上海都市圈形成了一批具有全国竞争力的科技园区，产业创新生态进一步完善。同时，上海都市圈产业创新生态还存在协同创新机制不完善、产业创新资源发展不平衡、龙头引领企业在国际上的竞争力有待提高等不足之处，尚需进一步改善。

Industrial innovation ecology is an important foundation and key path for building a modern industrial system. Shanghai Metropolitan area has a relatively well-developed industrial innovation ecology, with innovation subjects represented by science and technology-based enterprises flourishing and abundant scientific and educational talent resources, which provide talent support for the development of the industrial innovation ecology in Shanghai Metropolitan area. In terms of innovation investment, Shanghai Metropolitan area ranks among the top in China in terms of R&D investment intensity, and financial investment in science and technology continues to increase, effectively guiding the development of industrial innovation. Industrial innovation results represented by patents have continued to increase, with the proportion of invention patents increasing year by year, and the quality of industrial innovation results has improved significantly; the technology market has been active, and the transformation of scientific and technological achievements and the ability to absorb scientific and technological achievements are remarkable. Excellent intellectual property services and government policies on industrial innovation have created an efficient environment for the industrial innovation ecology of Shanghai Metropolitan area. A number of nationally competitive science and technology parks have been formed in Shanghai Metropolitan area, and the industrial innovation ecology has been further improved. Meanwhile, there are still shortcomings in the industrial innovation ecology of Shanghai Metropolitan area, such as imperfect collaborative innovation mechanism, unbalanced development of industrial innovation resources, and the competitiveness of leading enterprises in the international arena needs to be improved, which requires further improvement.

## 4.1 产业创新生态的内涵与要素

### 4.1.1 产业创新生态的内涵

产业创新生态，即产业创新生态系统，是创新生态系统发展的新范式。其相关研究最早可以追溯到熊彼特（Schumpeter，1934）的创新理论 [1]，并以弗里曼（Freeman，1987）的国家创新系统 [2]、穆尔（Moore，1996）的商业生态系统 [3]、安德（Ander，2006）等的创新生态理论为基础。Freeman（1987）强调国家在促进技术创新中的关键作用，提出要实现经济增长及平稳跨越，就必须把技术创新与国家职能相结合，形成国家创新体系。Moore（1996）将商业生态系统定义为互动组织基础支持的经济共同体，成员包括客户、供应商、主要生产商、竞争对手和其他利益相关者。Ander（2006）明确提出企业创新生态系统，认为企业要将创新置于核心地位，同时还需与相关合作伙伴一同构建完整的创新链以推动企业创新成功。[4] 产业创新生态相关研究是在创新生态系统的理论基础上发展起来的。Fronsch 和 Gallopoulos（1989）[5]、Edquist（1997）[6] 对产业生态系统进行分析，他们将产业生态系统与自然生态系统进行类比，完善和发展了产业生态系统理论，并提出产业生态系统是生产者、消费者、规制机构及环境之间

---

[1] 参见：Schumpeter, J. A. , 1934, "The Theory of Economics Development", *Journal of Political Economy*, 1(2): 170—172.

[2] 参见：Freeman, C. C., 1987, "Technology Policy and Economic Performance：Lessons From Japan".

[3] 参见：Moore, J. F., 1996, *The Death of Competition: Leadership and Strategy in the Ageof Business Ecosystems*, New York：Harper Business.

[4] 参见：Adner, R., 2006, "Match Your Innovation Strategy To Your Innovation Ecosystem", *Harvard Business Review*, 84 (4): 98—107, 148.

[5] 参见：Frosch, R. A. and N. E. Gallopoulos, 1989, "Strategies for Manufacturing", *Scientific American*, 261(3): 144—152.

[6] 参见：Edquist, C. (ed.) , 1997, *Systems of Innovation: Technologies, Institutions and Organizations*, New York：Routledge.

进行物质、能量、信息交换的循环体系。Dougherty 和 Amitrano（2011）认为，创新促进生产力，创新生态系统通过促进合作关系的建立进而推动产业和企业的创新发展。[1] 吴绍波（2013）认为，创新生态系统是核心创新企业与上游供应商、下游销售商、同行业竞争对手及产品服务的其他相关配套提供主体所构成的相互依赖的合作伙伴关系，是战略性新兴产业实现协同创新的重要途径。[2] 王娜和王毅（2013）提出产业创新生态系统由产业体系、硬件条件、软件条件、人才和外部环境五个要素组成。[3] 屠凤娜（2017）认为，所谓产业创新生态系统是指为了满足创新 3.0 时代的竞合需要，在特定区域内或跨区域间的相关物质条件和文化环境下，某一产业通过优化配置区域内的知识、信息、技术和资源，使各种创新主体、创新服务以及创新环境之间形成信息共享、互惠共生、协同互动的创新生态系统。该系统的目标是实现区域内产业的可持续创新，提高产业综合实力。[4] 产业创新生态系统是产业链、价值链和生态链上相互联结的创新群落，在创新环境的影响下，通过产业体系内创新资源的交互作用，构成共存共生、动态演化的系统。它兼具社会生态系统和自然生态系统的属性和特征（孙源，2017）。[5]

综合以上观点，我们认为，产业创新生态系统的内涵应该包括产业生态和创新生态。一如自然生态，创新和产业生态的优化，核心是各种"链"——产业链、配套链（产品链）、服务链和社交链等的形成和完善。此外，基础设施、营商环境、公共服务和区域亚文化等，都是构成好的产业创新生态的重要条件。产业创新生态的各要素相互共生、共同发力，是一个动态的网络。

---

[1] 参见：Dougherty, D. and D. Amitrano, 2011, "Organizing Ecologies of Complex Innovation", *Organization Science*, 22(5): 1214—1223.

[2] 参见吴绍波：《战略性新兴产业创新生态系统协同创新的治理机制研究》，《中国科技论坛》2013 年第 10 期。

[3] 参见王娜、王毅：《产业创新生态系统组成要素及内部一致模型研究》，《中国科技论坛》2013 年第 5 期。

[4] 参见屠凤娜：《产业创新生态系统的发展瓶颈和优化建议——以京津冀为例》，《产业创新研究》2017 年第 1 期。

[5] 参见孙源：《共生视角下产业创新生态系统研究》，《河南师范大学学报（哲学社会科学版）》2017 年第 1 期。

### 4.1.2　产业创新生态的要素

产业创新生态离不开产业生态和创新生态。从创新到现代产业体系的中间环节，是创新和产业生态。产业创新生态涉及创新主体、创新人才和创新环境等要素。创新主体包括创新型企业、高等院校（研究所）等创新主体；在相关主体中，最为关键的因素是最具主观能动性的人力资本即人才。人力资本主要来自大学。在中国，创新和产业生态大多位于都市圈和中心城市。都市圈和中心城市有没有能够培养创业创新人才的好大学，决定着创新和产业生态的生成与发展。良好的创新环境主要包括知识产权服务、产业创新政策支撑等，创新成果主要通过专利数据和技术市场成交额来反映，产业和创新的主要载体是科技园区。

## 4.2　上海都市圈产业创新生态的现状

### 4.2.1　创新主体不断壮大

#### 1. 创新型企业

上海都市圈科技型企业主体丰富，创新型企业培育加快。2020 年，上海全市新增科技小巨人企业和小巨人培育企业 190 家，累计超 2 300 家；新认定技术先进型服务企业 19 家，累计认定 235 家。年内新认定高新技术企业 7 396 家，有效期内高新技术企业数达 17 012 家，每万户企业法人中高新技术企业达 380 家。[1]2020 年，苏州全市净增高新技术企业 2 720 家，累计达 9 772 家，全年遴选瞪羚企业 391 家。[2]2020 年，嘉兴全市国家级高新技术企业达 2 414 家，省级科技型中小企业 6 064 家，分别比上年增加 662 家和 1 421 家。[3]2020 年，南通创新主体规模不断

---

[1]　数据来自上海市统计局：《2020 年上海市国民经济和社会发展统计公报》，2021 年。

[2]　数据来自苏州市统计局：《2020 年苏州经济和社会发展概况》，2021 年。

[3]　数据来自嘉兴市统计局：《2020 年嘉兴市国民经济和社会发展统计公报》，2021 年。

壮大，国家高新技术企业达 2 180 家。<sup>①</sup>

从科创板上市公司数量来看，截至 2021 年 12 月 31 日，全国科创板通过网上发行公司共有 383 家，上海都市圈合计共有 105 家。其中，上海 57 家，苏州 41 家，南通 4 家，嘉兴 3 家（图 4.1）。科创板主要是服务于符合国家战略、突破关键核心技术、市场认可度高的科技创新企业。上海都市圈多家主营业务领域是集成电路、生物医药和智能制造的企业在科创板成功上市，能够发挥龙头企业创新引领带动作用，进一步提升完善上海都市圈的产业创新生态。

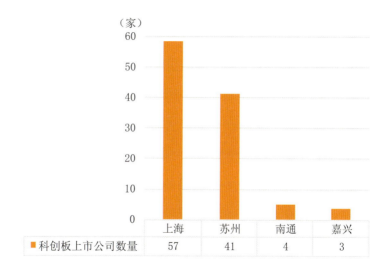

**图 4.1**
**上海都市圈各城市科创板**
**上市公司数量**

资料来源：课题组整理计算。

### 2. 普通高等学校

在创新生态系统中，高校和科研院所是重要的创新力量，是实施创新驱动发展战略的主力军之一。上海都市圈科教人才资源丰富。截至 2020 年底，上海都市圈共有普通高等学校（含独立学院）104 所。其中，上海 64 所，苏州 26 所，南通 8 所，嘉兴 6 所。共有 985 高校有 4 所，即复旦大学、上海交通大学、同济大学和华东师范大学。211 高校 11 所，即上海交通大学、复旦大学、

---

① 数据来自南通市统计局：《2020 年南通市经济运行情况》，2021 年。

同济大学、华东师范大学、上海财经大学、东华大学、华东理工大学、上海外国语大学、上海大学、中国人民解放军海军军医大学、苏州大学。上海高校众多，共有普通高校64所，学科门类齐全，其中，综合大学4所，理工院校24所，农业院校2所，医药院校2所，师范院校2所，语文院校3所，财经院校17所，政法院校3所，体育院校2所，艺术院校5所（图4.2）。苏州的苏州大学为211高校，同时全国有4所985高校在苏州开设分校区，即中国人民大学苏州校区、西北工业大学太仓校区、南京大学苏州校区、东南大学苏州校区。南通拥有的普通高校有南通大学、南通职业大学、江苏工程职业技术学院、南通航运职业技术学院、南通科技职业学院、南通理工学院、江苏商贸职业学院、南通师范高等学校。嘉兴共有6所大学，即嘉兴学院、嘉兴学院南湖学院、浙江财经大学东方学院、同济大学浙江学院、嘉兴职业技术学院、嘉兴南洋职业技术学院。

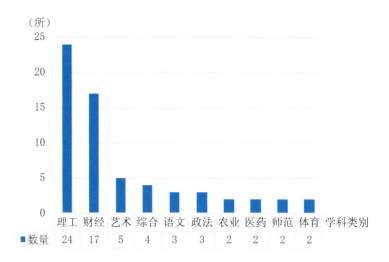

**图 4.2**
**上海都市圈高校数量**

资料来源：课题组整理计算。

| 学科类别 | 理工 | 财经 | 艺术 | 综合 | 语文 | 政法 | 农业 | 医药 | 师范 | 体育 |
|---|---|---|---|---|---|---|---|---|---|---|
| 数量 | 24 | 17 | 5 | 4 | 3 | 3 | 2 | 2 | 2 | 2 |

### 3. 研发中心

2020年末，在上海投资的国家和地区达189个，上海全市累计认定跨国公司地区总部771家（亚太区总部137家），外资研发中心481家。2020年，上海新增跨国公司地区总部51家，其中，亚太区总部 21 家，外资研发中心 20 家，建成软 X 射线、超强超短激光等一批国家重大科技基础设施和 15 个研发与转化功能型平台。[①] 2020 年，苏州全年新增省级以上工程研究中心（工程中心、实验室）20 家，累计达 127 家；新增江苏省级以上企业技术中心 130 家，累计达 771 家；新增省级以上工程技术研究中心 160 家，累计达 993 家；2020 年末，苏州省级以上科技公共技术服务平台 31 家，其中国家级 2 家。苏州强化新型研发机构建设，突破一批"卡脖子"产业关键共性技术，2020 年新型研发机构新建立项 9 个，新增苏州市自主品牌大企业和领军企业先进技术研究院 13 家。[②] 2020 年，南通全年建成科技孵化器 67 家，其中国家级 15 家、省级 34 家；新建省级企业重点实验室 2 家，省级工程技术研究中心 22 家，省级企业院士工作站 1 家；新建市级工程技术研究中心 104 家，重点实验室 9 家，院士工作站 1 家。[③]

## 4.2.2　创新人才加快集聚

### 1. 普通高校师生数量

上海都市圈四个城市普通高校的专任教师数量逐年递增（图 4.3）。2010 年，上海、苏州、南通和嘉兴的专任教师数量分别为 39 170 人、10 104 人、3 961 人、2 853 人，至 2019 年分别增长至 46 278 人、13 104 人、5 321 人、4 937 人。2019 年，四个城市专任教师总数为 69 640 人，较 2010 年的 56 088 人增加了 24.16%。其中，苏州 2019 年拥有专任教师数量较 2019 年增加了 29.69%，增幅最大。

从在校生数量来看，上海都市圈各城市普通高校在校生数呈逐年上升的趋势（图 4.4）。2010 年，上海、苏州、南通、嘉兴四

---

① 数据来自上海市统计局：《2020 年上海市国民经济和社会发展统计公报》，2021 年。

② 数据来自苏州市统计局：《2020 年苏州经济和社会发展概况》，2021 年。

③ 数据来自南通市统计局：《2020 年南通市国民经济和社会发展统计公报》，2021 年。

（人）

| | 2015 | 2016 | 2017 | 2018 | 2019 | 年份 |
|---|---|---|---|---|---|---|
| ■ 嘉兴 | 3 288 | 3 337 | 3 989 | 4 090 | 4 937 | |
| ■ 南通 | 4 888 | 4 937 | 5 029 | 5 064 | 5 321 | |
| ■ 苏州 | 11 647 | 1 706 | 12 074 | 12 491 | 13 104 | |
| ■ 上海 | 41 570 | 42 308 | 43 484 | 44 585 | 46 278 | |

图 4.3
上海都市圈各城市普通高校专任教师数量
（2015—2019 年）

资料来源：课题组整理计算。

市普通高校在校生数量分别为 515 661 人、187 829 人、83 444 人、80 010 人，至 2020 年分别增长至 540 693 人、236 000 人、128 600 人、115 000 人。2010 年，四个城市普通高校在校生总数为 866 944 人，到 2020 年增长至 1 020 293 人，增长 17.69%。其中，上海在校全日制研究生 17.81 万人，占比达到 32.94%。高学历人才占比提高为上海都市圈产业创新能力的提升起到支撑作用。

从毕业生人数来看，上海都市圈四个城市普通高校的毕业生

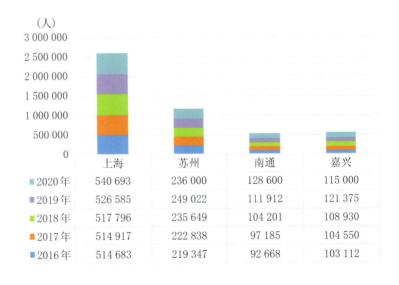

（人）

| | 上海 | 苏州 | 南通 | 嘉兴 |
|---|---|---|---|---|
| ■ 2020 年 | 540 693 | 236 000 | 128 600 | 115 000 |
| ■ 2019 年 | 526 585 | 249 022 | 111 912 | 121 375 |
| ■ 2018 年 | 517 796 | 235 649 | 104 201 | 108 930 |
| ■ 2017 年 | 514 917 | 222 838 | 97 185 | 104 550 |
| ■ 2016 年 | 514 683 | 219 347 | 92 668 | 103 112 |

图 4.4
上海都市圈各城市普通高校在校学生数量
（2016—2020 年）

资料来源：课题组整理计算。

数量也呈逐年上升的趋势（图4.5），与在校生数量增长趋势保持一致。2010年，上海、苏州、南通、嘉兴普通高校在毕业生人数分别为133 716人、54 009人、28 183人、6 730人，2019年分别为131 694人、67 417人、27 711人、16 888人。上海都市圈高校毕业生总数由2010年的222 638人增长至2020年的243 710人。特别是苏州和嘉兴的普通高校毕业生人数增长较快，为当地产业创新发展提供了人才支撑。

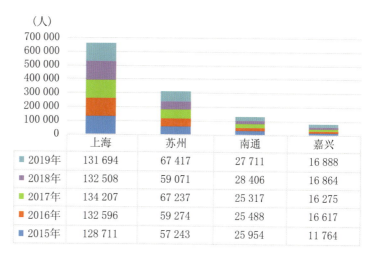

**图4.5**
**上海都市圈各城市普通高校毕业生数量（2015—2019年）**

资料来源：课题组整理计算。

| （人） | 上海 | 苏州 | 南通 | 嘉兴 |
|---|---|---|---|---|
| 2019年 | 131 694 | 67 417 | 27 711 | 16 888 |
| 2018年 | 132 508 | 59 071 | 28 406 | 16 864 |
| 2017年 | 134 207 | 67 237 | 25 317 | 16 275 |
| 2016年 | 132 596 | 59 274 | 25 488 | 16 617 |
| 2015年 | 128 711 | 57 243 | 25 954 | 11 764 |

### 2. 科技创新人才

上海都市圈科技创新人才加快集聚。截至2020年底，上海人才资源总量持续壮大，人才总量达675万人，在上海工作的外籍人才达28万人，上海连续8年蝉联"外籍人才眼中最具吸引力的中国城市"。[①] 至2020年末，苏州全市引进人才27.43万人，人才总量达320.87万人，高层次人才数为30.18万人。苏州新入选"国家级人才引进工程"人才29人，总数累计达到291人，其中创业类人才146人。苏州全市有国家级突出贡献中青专家19人，享受国务院特殊津贴专家673人，累计入选江苏省"双创计

---

① 数据来自金叶子：《人才总量675万，上海"海聚英才"成为人才增长最多城市》，《第一财经》2021年11月26日。

划"114人。[①] 截至 2020 年末，南通全市人才资源总量达 145 万人，其中高层次人才 11.6 万人，2 家企业入围省首批人才人事综合改革示范基地。[②] 嘉兴把人才强市作为推进高质量发展的核心支撑，提出打造面向全球的长三角人才集聚"强磁场"。2020 年，嘉兴新引进博士 983 名、硕士 4 603 名；新增大学生 10.9 万名，首次突破 10 万人。嘉兴的省级引才计划建议入选数、省级海外工程师入选数列浙江省第一，省领军型团队入选数列浙江省第二。[③]

### 4.2.3 创新投入持续增加

#### 1. 研发投入

从研发投入规模来看，2010—2020 年，上海、苏州、南通和嘉兴研发投入保持稳定增长的趋势，研发投入规模持续扩大（图 4.6）。2020 年，上海、苏州、南通和嘉兴研发投入分别为 1 615.7 亿元、761.59 亿元、261.95 亿元、170.8 亿元。2020 年，四个城

图 4.6
上海都市圈各城市研发投入规模（2016—2020 年）

资料来源：课题组整理计算。

| | 2016 | 2017 | 2018 | 2019 | 2020 |
|---|---|---|---|---|---|
| 南通 | 188.80 | 216.12 | 187.00 | 233.00 | 261.95 |
| 苏州 | 429.56 | 489.00 | 517.00 | 700.34 | 761.59 |
| 嘉兴 | 105.69 | 142.00 | 165.00 | 164.07 | 170.80 |
| 上海 | 1 049.32 | 1 205.21 | 1 359.20 | 1 524.55 | 1 615.70 |

（亿元）

年份

---

① 数据来自苏州市人力资源和社会保障局：《2020 年度苏州市人力资源和社会保障事业发展统计公报》，2021 年。
② 数据来自南通市人力资源和社会保障局：《2020 年度南通市人力资源和社会保障事业发展统计公报》，2021 年。
③ 数据来自《2020 的嘉兴答卷》，嘉兴在线，2021 年 2 月 2 日。

市研发投入合计达到 2 810.03 亿元，比 2010 年的 812.05 亿元增加 1 997.98 亿元，增幅达 246.04%。在 2020 年全国城市研发投入排名中，上海仅次于北京，位居第二名，苏州位于深圳和广州之后，排在第五名。大规模研发投入为产业创新发展提供了良好条件，促进上海都市圈科技创新成果持续增加。

从研发投入强度来看，上海、苏州、南通和嘉兴的研发投入强度整体呈现上升的趋势。2010 年，四个城市的研发投入强度分别为 2.81%、2.10%、2.34%、1.93%，到 2020 年分别提高至 4.17%、3.78%、2.61%、3.10%（图 4.7）。其中，2019 年，上海、南通和嘉兴研发投入强度较 2018 年小幅下降，2020 年恢复上升。2020 年，全国研发投入强度为 2.40%，上海都市圈各城市研发投入强度均高于全国水平，在全国起到引领带头作用。研发和创新成为上海都市圈产业创新发展的核心动力。

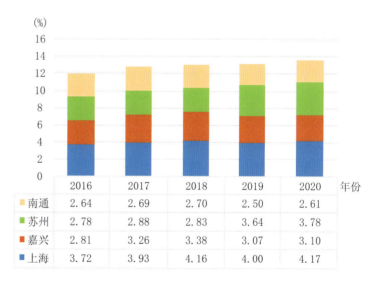

**图 4.7**
**上海都市圈各城市研发投入强度（2016—2020 年）**

资料来源：课题组整理计算。

| | 2016 | 2017 | 2018 | 2019 | 2020 |
|---|---|---|---|---|---|
| 南通 | 2.64 | 2.69 | 2.70 | 2.50 | 2.61 |
| 苏州 | 2.78 | 2.88 | 2.83 | 3.64 | 3.78 |
| 嘉兴 | 2.81 | 3.26 | 3.38 | 3.07 | 3.10 |
| 上海 | 3.72 | 3.93 | 4.16 | 4.00 | 4.17 |

## 2. 财政科技投入

财政科技投入是公共财政的重要支出部分，也是全社会科技投入的重要力量。上海都市圈各城市财政科技投入中用于基础研究、应用研究、科技成果转化和科技基础资源调查等方面的支出均有明显增加，在弥补市场失灵、优化资源配置、带动和引导社会科技投入方面具有不可替代的作用。2015—2019 年，上海、苏州和南通财政性科技投入总体呈现增长的趋势（表4.1）。2020 年，上海和苏州财政性科技投入分别达到 406.2 亿元、291.6 亿元，投入规模大且占一般公共预算比重较高，分别达到 5.01% 和 9.7%。[①]

**表 4.1**
**上海、苏州、南通财政性科技投入规模和占比（2015—2019 年）**

| 年　份 | 上海财政性科技投入（亿元） | 上海财政科技投入占比重（%） | 苏州财政性科技投入（亿元） | 苏州财政性科技投入占一般公共预算比重（%） | 南通财政性科技投入（亿元） | 南通财政性科技投入占一般公共预算比重（%） |
|---|---|---|---|---|---|---|
| 2015 | 271.85 | 4.39 | 86.90 | 5.70 | 24.27 | 3.24 |
| 2016 | 341.70 | 4.94 | 95.20 | 5.90 | 22.83 | 3.05 |
| 2017 | 389.90 | 5.17 | 123.70 | 7.00 | 27.24 | 3.36 |
| 2018 | 426.40 | 5.11 | 152.00 | 7.80 | 37.78 | 4.31 |
| 2019 | 389.50 | 4.76 | 181.60 | 8.50 | 33.01 | 3.39 |

资料来源：课题组整理计算。

### 4.2.4　创新成果成效显著

#### 1. 专利成果

从专利申请受理和授权专利数量来看，2010—2019 年，上海、苏州和南通的专利申请受理数和专利授权数整体呈现增加的趋势，表明上海都市圈产业创新能力不断增强。2010 年，上海、苏州、南通的专利申请受理数分别为 71 196 件、77 194 件、38 707 件，至 2019 年分别为 173 586 件、162 984 件、36 976 件（表 4.2）。其中，上海和苏州的专利申请受理数和专利授权数呈现大幅度增长，南通的增幅相对较小。2019 年，嘉兴的专利申请数和授权数分为 35 262 件和 25 198 件，相对上海和苏州两市规模较小。上海都市圈四个城市间专利申请受理和专利授权数量存在明显差距。

---

① 嘉兴市财政性科技投入数据缺失。

| 年 份 | 上海专利申请受理数 | 上海专利授权数 | 苏州专利申请受理数 | 苏州专利授权数 | 南通专利申请受理数 | 南通专利授权数 |
|---|---|---|---|---|---|---|
| 2010 | 71 196 | 48 215 | 77 194 | 46 109 | 38 707 | 22 644 |
| 2011 | 80 215 | 47 960 | 102 164 | 77 281 | 56 421 | 31 335 |
| 2012 | 82 682 | 51 508 | 139 965 | 98 276 | 49 924 | 36 247 |
| 2013 | 86 450 | 48 680 | 141 076 | 81 665 | 40 771 | 22 086 |
| 2014 | 81 664 | 50 488 | 103 249 | 54 709 | 27 692 | 12 391 |
| 2015 | 100 006 | 60 623 | 98 704 | 62 263 | 34 770 | 25 970 |
| 2016 | 119 937 | 64 230 | 106 700 | 53 528 | 45 557 | 19 057 |
| 2017 | 131 740 | 72 806 | 113 694 | 53 223 | 54 742 | 19 057 |
| 2018 | 150 233 | 92 460 | 135 862 | 75 837 | 52 799 | 24 578 |
| 2019 | 173 586 | 100 587 | 162 984 | 81 145 | 36 976 | 19 837 |

表 4.2
上海、苏州、南通专利申请受理数量和专利授权数量（2010—2019 年）

资料来源：课题组整理计算。

表 4.3
上海、苏州、嘉兴发明专利申请受理数量和发明专利授权数量（2011—2019 年）

从发明专利申请受理数和授权数来看，上海、苏州和嘉兴呈现逐年增加的趋势，增加幅度都较大（表 4.3），表明上海都市圈各城市专利成果质量有一定程度的提升。2019 年，上海的发明专利申请受理量和授权量分别为 71 398 件、22 735 件，苏州的发明专利申请受理量和授权量分别为 43 371 件、8 339 件，嘉兴的发明专利申请受理量和授权量分别为 9 006 件、2 313 件。上海发明专利申请受理数和授权数最多，表明上海科技创新成果在四个城市中具有绝对优势，引领上海都市圈科技创新发展。

| 年 份 | 上海发明专利申请受理数 | 上海发明专利授权数 | 苏州发明专利申请受理数 | 苏州发明专利授权数 | 嘉兴发明专利申请受理数 | 嘉兴发明专利授权数 |
|---|---|---|---|---|---|---|
| 2011 | 32 142 | 9 160 | 21 765 | 2 492 | 985 | 325 |
| 2012 | 37 139 | 11 379 | 31 984 | 4 309 | 1 652 | 490 |
| 2013 | 39 157 | 10 644 | 44 477 | 4 413 | 2 983 | 407 |
| 2014 | 39 133 | 11 614 | 40 842 | 5 264 | 3 908 | 546 |
| 2015 | 46 976 | 17 601 | 43 241 | 10 488 | 5 487 | 1 184 |
| 2016 | 54 339 | 20 086 | 47 429 | 13 267 | 7 975 | 1 654 |
| 2017 | 54 630 | 20 681 | 45 768 | 11 618 | 9 493 | 1 850 |
| 2018 | 62 755 | 21 331 | 50 116 | 10 845 | 16 885 | 2 506 |
| 2019 | 71 398 | 22 735 | 43 371 | 8 339 | 9 006 | 2 313 |

资料来源：课题组整理计算。

从PCT专利申请量来看，2020年，上海PCT专利申请为0.36万件，比2019年增长29.85%。2020年，苏州PCT专利申请为3 905件，比2019年增长53.3%。2019年，嘉兴PCT专利申请达到142件。PCT专利申请数量是衡量一个国家科研实力的重要指标，上海都市圈PCT专利申请数量快速增加，标志着上海都市圈科研实力的进步，表明上海都市圈产业创新生态得到进一步优化和提高。

### 2. 技术市场成交额

技术市场成交额是技术市场活跃程度的直接表现，技术市场成交额中电子通信、新材料和生物医药等新兴技术成交额占较大比重，能够反映最新科技成果转化程度、科技与经济结合的水平，是反映一个区域技术贸易和科技成果转化活跃度、科技成果吸纳能力、科技中介机构服务能力的重要数据。上海都市圈技术成交市场活跃，成果转化效益明显。2013—2020年，上海技术市场成交额呈现逐年增长的趋势，由2013年的531.68亿元增长到2020年的1 815.27亿元，且保持较快的增长趋势（图4.8）。2020年，苏州技术市场成交额达到493.22亿元，位居江苏省第二位，较

**图 4.8**
**上海技术市场成交额与增速（2013—2020年）**

资料来源：课题组整理计算。

| | 2013 | 2014 | 2015 | 2016 | 2017 | 2018 | 2019 | 2020 |
|---|---|---|---|---|---|---|---|---|
| 技术市场成交额 | 531.68 | 592.45 | 663.78 | 780.99 | 810.62 | 1225.19 | 1422.35 | 1815.27 |
| 增速（右轴） | 2.49 | 11.43 | 12.04 | 17.66 | 3.79 | 51.14 | 16.09 | 27.62 |

2019 年的 377.19 亿元增长 30.76%。2019 年度，南通全市技术合同认定登记成交额为 110.31 亿元，相较于 2018 年度的 48.51 亿元实现翻番，同比增长达 127.4%，输出技术和吸纳技术成交额均列江苏省设区市第四位。[1]2019 年，嘉兴全年经认定登记技术交易额为 127.5 亿元，增长 125.7%；2020 年，虽然受到新冠肺炎疫情冲击影响，嘉兴的技术市场保持平稳发展，全年经认定登记技术交易额 113.2 亿元。[2]

## 4.2.5 创新环境日益优化

### 1. 知识产权服务

截至 2020 年底，上海全市注册登记专利代理机构 215 家，比 2019 年增长 22%；外省市驻沪专利代理分支机构 51 家，增长 30%。215 家专利代理机构共有执业专利代理师 1 516 人，比 2019 年增长 11%。[3]截至 2020 年底，苏州全市共有专利代理机构 175 家，备案商标代理机构 902 家，知识产权信息、运营、律所等相关服务机构 225 家，[4] 国家知识产权专家库专家、高层次人才及省知识产权领军人才等各类知识产权人才超过 5 000 人，为创新主体提供了多角度、全方位、各形态的知识产权服务。[5]

2020 年，嘉兴知识产权服务生态日趋完善，创建省级知识产权服务业集聚区示范区，引进 20 家知识产权服务机构。在工业园区、特色小镇建成商标品牌指导站 14 家，打通知识产权服务工作最后一公里的瓶颈。嘉兴市知识产权保护中心于 2021 年 1 月投入运行，将成为嘉兴市知识产权创造、保护、运用和服务能力提升的加速器。嘉善县成立了浙江省知识产权保护中心分中心，桐

---

① 数据来自《破百亿！2019 年度南通技术合同成交额实现翻番》，中国江苏网，2020 年 1 月 19 日。

② 数据来自嘉兴市统计局：《2020 年嘉兴市国民经济和社会发展统计公报》，2021 年。

③ 数据来自《青年代理师占比六成！上海专利代理机构数量和人数快速增加》，上观新闻，2020 年 1 月 11 日。

④ 数据来自《苏州：全链条保护 打造知识产权新高地》，《苏州日报》2021 年 4 月 26 日。

⑤ 数据来自《苏州知识产权服务企业 600 余家 数量居全省前》，《苏州日报》2019 年 4 月 7 日。

乡市现代服饰、海宁市时尚产业知识产权快速维权中心已获国家知识产权局原则同意筹建。嘉兴市知识产权维权援助体系日益健全。[①]

2020年，南通市崇川区、如东县获批知识产权强省建设示范县，如东经开区、启东经开区、海安高新区、市北高新区获批江苏省省级知识产权示范园区，省级以上知识产权试点示范园区位列江苏省第一。南通持续开展"铁拳""蓝天""龙腾""剑网2020""蓝剑1号"等整治行动，共办理知识产权案件5 000余件，挽回经济损失近4亿元，知识产权协同保护高效有力。中国（南通）知识产权保护中心于2020年获批建设，并于2021年4月2日正式通过验收。[②]

在上海都市圈协同合作层面，2020年4月，上海青浦、江苏吴江、浙江嘉善三地的市场监管局代表共同签署了《长三角示范区知识产权保护合作备忘录》，并发布了《青吴嘉三地重点商标保护名录（第一批）》，就品牌互认互保及知识产权协同保护开展深入合作达成统一意见，建立三地企业维权直通车。[③]一系列举措有效地推进了上海都市圈知识产权保护，对提升上海都市圈产业创新生态起到积极作用。

### 2. 产业创新政策

产业创新政策是政府营造产业创新环境、引导科技创新的主要手段，也是影响产业创新生态系统形成和演化的重要因素。创新政策为创新发展提供有力支持和保障。

近年来，上海、苏州、南通和嘉兴分别出台了多项政策促进产业发展、创新成果转化和人才集聚。上海都市圈内城市间也联合出台相关政策促进产业创新（表4.4）。为了集聚科技创新人才，上海自2015年起出台了多项人才政策：2015年出台《关于深化人

---

① 参见潘凡平：《知识产权保护，没有最好只有更好！嘉兴奋力争创"知识产权强市"！》，嘉兴人网，2021年1月18日。

② 数据来自《南通市知识产权工作新闻发布会》，南通市人民政府网站，2021年4月20日。

③ 参见蔡培源、奚嘉瑶：《青吴嘉三地签署长三角示范区品牌保护合作备忘录》，浙江新闻，2020年4月27日。

2020 年 4 月 24 日下午，"2020 年上海市青浦区知识产权联席会议"召开。会上，上海青浦、江苏吴江、浙江嘉善三地的市场监管局代表共同签署了《长三角示范区知识产权保护合作备忘录》，并发布了《青吴嘉三地重点商标保护名录（第一批）》。

根据备忘录要求，三地将充分发挥各方优势和特色，在知识产权领域加强交流与合作，规范市场经营秩序，提高知识产权综合实力，促进长三角区域经济共同发展。今后，三地将加大知识产权宣传培训力度，加强培训课程和教材等方面的资源和信息共享，提高区域知识产权意识；建立定期交流与考察学习机制，及时交流知识产权管理成功经验，提高区域技术创新水平；加强三地知识产权执法部门沟通协调，建立三地企业维权直通车，共同为权利人开展侵权投诉、商标鉴定、中国驰名商标申请认定提供指导及便利条件。

此外，三地还将以《青吴嘉三地重点商标保护名录（第一批）》为基础，对三地优势企业的声誉较高、信用较好、易受侵权的商标予以重点保护，同时通过对该名录的宣传推广，提高名录中商标的知名度。此次发布的首批重点商标保护名录中涵盖了浙江嘉善黄酒股份有限公司的"西塘"商标、浙江长盛滑动轴承股份有限公司的"长盛"商标等 10 个商标。

资料来源：蔡培源、奚嘉瑶：《青吴嘉三地签署长三角示范区品牌保护合作备忘录》，浙江新闻，2020 年 4 月 27 日，https：//zj.zjol.com.cn/news.html?id=1437717。

才工作体制机制改革促进人才创新创业的实施意见》，2016 年出台《关于进一步深化人才发展体制机制改革加快推进具有全球影响力的科技创新中心建设的实施意见》，2020 年出台《关于新时代上海实施人才引领发展战略的若干意见》，等等。2020 年，《上海市推进科技创新中心建设条例》实行，该条例是国内首部科创中心建设的地方立法。为了促进科技成果转化，2021 年 6 月，上海发布《上海市促进科技成果转移转化行动方案（2021—2023 年）》。

苏州为了强化高新技术企业培育、深入实施瞪羚计划和独角兽企业培育计划，于 2018 年发布《关于构建一流创新生态建设创新创业名城的若干政策措施》。为进一步加强技术转移体系建设、推动科技成果转化工作，2020 年 4 月，苏州市虎丘区发布《苏州高新区关于加快科技成果转化与技术转移体系建设的实施办法》。2021 年，苏州工业园区发布《苏州工业园区关于加快建设世界一流高科技园区的若干政策》，从提升科技创新策源功能、强化企业创新主体地位、高水平推动开放协同创新、打造一流创新创业生态等方面提出 30 条政策举措。

嘉兴为全面推进创新改革试验，补齐科技创新短板，于 2017 年 1 月发布《嘉兴市人民政府关于进一步推动科技创新的若干政策意见有关内容的操作办法》。2019 年，嘉兴发布《关于深入实施创新驱动发展战略加快建设面向未来的创新活力新城的若干意见》，提出了嘉兴的主要科技创新指标发展目标。为打造最优人才生态、促进人才优先发展，嘉兴发布了《关于打造最优人才生态、促进人才优先发展的若干意见》等政策。

南通为优化创新创业生态环境，提升创新效率，于 2015 年 6 月发布《大众创业万众创新南通行动计划》，并于 2019 年 10 月发布《关于实施高层次双创人才倍增计划推动高质量发展的若干政策意见》《关于进一步集聚人力资源服务产业发展的若干政策措施》等政策。2021 年 3 月，南通发布《关于建设更高水平创新型城市的若干政策意见》，该意见涵盖科技、人才、教育、金融、知识产权等多个领域，旨在进一步优化南通的创新创业生态。

上海都市圈四个城市也出台了多项政策促进城市间创新联动。2017 年 7 月，嘉兴发布《嘉兴市创建浙江省全面接轨上海示范区行动计划（2017—2020 年）》，嘉兴与上海示范区接轨加快。2018 年，沪苏共同实施《科技资源开放共享与协同发展行动计划》。2018 年 4 月《沪通科技创新全面战略合作协议》的签署，标志着沪通科技合作进入常态化、制度化的阶段。2019 年 7 月，上海青浦、江苏吴江、浙江嘉善发布《青浦、吴江、嘉善 2019 年一体化发展工作方案》，三地共同推进科技系统创新、大型科学仪器开放共享。2020 年 10 月，《长三角 G60 科创走廊建设方案》发布，

| 城市 | 发布年份 | 相 关 政 策 名 称 |
|---|---|---|
| 上海 | 2020 | 浦东新区促进重点优势产业高质量发展若干政策 |
| | 2020 | 上海市推进科技创新中心建设条例 |
| | 2020 | 药品生产许可证 |
| | 2020 | 上海知识产权保护条例 |
| | 2021 | 上海市促进科技成果转移转化行动方案（2021—2023年） |
| 苏州 | 2018 | 关于构建一流创新生态建设创新创业名城的若干政策措施 |
| | 2019 | 苏州工业园区科技创新三年行动计划（2019—2021年） |
| | 2020 | 苏州高新区关于加快科技成果转化与技术转移体系建设的实施办法 |
| | 2020 | 苏州高新区进一步优化科技与金融结合创新实施办法 |
| | 2021 | 苏州工业园区关于加快建设世界一流高科技园区的若干政策 |
| 嘉兴 | 2017 | 嘉兴市人民政府关于进一步推动科技创新的若干政策意见有关内容的操作办法 |
| | 2017 | 关于打造最优人才生态、促进人才优先发展的若干意见 |
| | 2019 | 关于更高质量建设人才生态最优市的若干意见 |
| | 2019 | 关于深入实施创新驱动发展战略加快建设面向未来的创新活力新城的若干意见 |
| | 2021 | 嘉兴市创新型产业用地（M0）管理实施意见（试行） |
| 南通 | 2015 | 大众创业万众创新南通行动计划 |
| | 2018 | 关于推进市区产业转型升级的若干政策意见 |
| | 2019 | 关于实施高层次双创人才倍增计划推动高质量发展的若干政策意见 |
| | 2020 | 南通市推进新型基础设施建设行动方案（2020—2022年） |
| | 2021 | 关于建设更高水平创新型城市的若干政策意见 |
| | 2021 | 南通市区企业高水平创新型人才享受生活津贴和购房补贴实施细则 |

**表4.4**
**近年上海都市圈各城市创新政策（部分）**

资料来源：课题组整理。

旨在加强长三角基层合作和促进跨行政区域协调联动，建设科技创新策源地，着力打造世界级产业集群。

## 4.2.6 园区产业创新生态日趋完善

上海都市圈是全国现代产业的集聚地，正发展成为全国乃至全球最具活力的产业集群区域。在产业发展的过程中，上海、苏州、南通和嘉兴形成了一批在全国具有竞争力的科技园区（开发区），具备良好的产业创新生态，对上海都市圈产业集群发展和创新发展起到了重要作用。

上海有 16 家国家级开发区和园区，苏州有 14 家，南通和嘉兴各有 5 家（表 4.5）。同时，上海有 50 家市级开发区，苏州和南通江苏省省级开发区（园区）分别有 8 家和 10 家（江苏省省级开发区共有 178 家），嘉兴有浙江省省级开发区 10 家。根据"2021园区高质量发展百强"榜，中国百强园区共分布在全国 60 个城市，其中苏州最多，共有 6 个园区上榜，上海排名第二，占据 5席；上海张江高新技术产业开发区和苏州工业园区分别位列榜单第二和第四名。[①]产业创新生态完善的科技园区、开发区支撑上海都市圈现代产业快速发展。

**表 4.5**
**上海都市圈国家级开发区**
**（园区）**

| 城　市 | 国　家　级　开　发　区　（园　区） |
|---|---|
| 上海<br>（16家） | 闵行经济技术开发区、漕河泾综合保税区、上海紫竹高新技术产业开发区、陆家嘴金融贸易区、金桥经济技术开发区、上海松江综合保税区、青浦综合保税区、上海化学工业经济技术开发区、奉贤综合保税区、漕河泾开发区、浦江高科技园、上海松江经济技术开发区、上海张江高新技术产业开发区、上海外高桥保税区、虹桥经济技术开发区、洋山保税港区 |
| 苏州<br>（14家） | 昆山经济技术开发区、苏州工业园区、吴江经济技术开发区、常熟经济技术开发区、太仓港经济技术开发区、张家港经济技术开发区、吴中经济技术开发区、浒墅关经济技术开发区、相城经济技术开发区、苏州国家高新技术产业开发区、昆山高新技术产业开发区、常熟高新技术产业开发区、张家港保税区、苏州太湖国家旅游度假区 |
| 南通<br>（5家） | 南通经济技术开发区、海安经济技术开发区、海门经济技术开发区、如皋经济技术开发区、南通高新技术产业开发区 |
| 嘉兴<br>（5家） | 嘉兴经济技术开发区、嘉善经济技术开发区、平湖经济技术开发区、嘉兴秀洲高新技术产业开发区、嘉兴综合保税区 |

资料来源：课题组整理。

上海都市圈各城市都重视特色产业园区的建设，支撑先进制造业的发展。上海瞄准科技前沿和产业高端，以高品质园区建设推动高质量产业发展，实施"特色产业园区提升计划"，着力打造优势更优、强项更强、特色更特的园区经济。上海充分发挥品牌园区在产业基础和运营管理方面的高地优势，实施特色产业园区"高峰引领"计划，分两批共推出 40 个特色产业园区（图 4.9）。[②]

---

① 数据来自《苏州上海领跑，长三角这次赢得彻底》，每日经济新闻，2021 年 8 月 16 日。
② 数据来自潘文：《上海特色产业园区增至 40 个　第二批 14 个园区总规划面积超过 50 平方公里》，《新闻晨报》2021 年 4 月 8 日。

**图 4.9**
**上海市特色产业园区分布图**

资料来源:《上海市特色产业园区增至 40 个》,《潇湘晨报》2021 年 4 月 8 日。

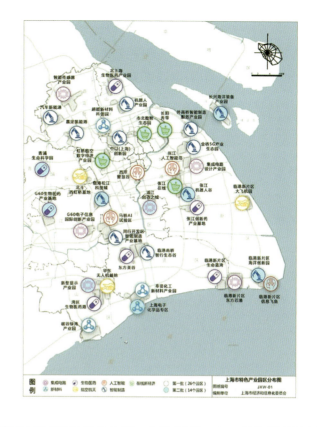

特色产业园区聚焦集成电路、生物医药、人工智能等关键领域核心环节,加强源头创新,强化产业引领,着力建设产业发展新高地和产城融合新地标。2018 年和 2019 年,江苏省分两批公布 54 个省级特色创新(产业)示范园区,苏州工业园区的纳米技术、生物医药产业,昆山经济技术开发的光电产业园,常熟经济技术开发区的汽车及零部件产业园,苏州工业园区的人工智能产业园等入围。张家港经济技术开发区的汽车及零部件产业园、苏州高新技术产业开发区的医疗器械产业园、南通港闸经济开发区的智能装备产业园等 8 个特色产业园入围 2020 年江苏省第三批省级特色创新(产业)18 个示范园区名单。[①] 为打造世界级先进制造业园区,2020 年 9 月,嘉兴为 12 个高能级产业生态园授牌。[②]

---

① 数据来自江苏省商务厅:《第三批省级特色创新(产业)示范园区名单公示》,2020 年。

② 数据来自《全市 12 个高能级产业生态园授牌》,澎湃新闻,2020 年 9 月 17 日。

### 1. 张江科学城产业创新生态

张江科学城是上海张江示范区的核心组成部分。2020年，张江科学城规模以上工业总产值首破3 000亿元大关，达到3 033.5亿元，同比增长8.9%。张江科学城有着"热带雨林式"的创新生态。

（1）创新资源集聚，创新实力不断增强。

目前，张江科学城汇聚企业2.2万余家、跨国公司地区总部62家、高新技术企业近1 700家。张江科学城内现有研发机构313家，占上海市科研机构总数的17.41%，上海光源、国家蛋白质设施、超强超短激光实验装置、上海超算中心、张江药谷公共服务平台等一批重大科研平台，以及上海科技大学、中国科学院高等研究院、同济大学上海自主智能无人系统科学中心、中科大上海研究院、上海飞机设计研究院、中医药大学、李政道研究所、复旦张江国际创新中心、上海交大张江高等研究院等高校和科研院所，为企业发展提供研究成果、技术支撑和人才输送。

张江科学城现已布局8个光子、生命等领域重大科技基础设施，已建成的有上海光源、蛋白质科学研究（上海）设施、软X射线自由电子激光试验装置和超强超短激光实验装置；2021—2022年间，软X射线自由电子激光用户装置、活细胞结构与功能成像等线站工程、上海光源线站工程（光源二期）3个设施将建成；硬X射线自由电子激光装置预计2025年建成。这些项目建成后，将在张江科学城形成全球规模最大、种类最全、综合能力最强的光子大科学设施集群。[①]

（2）科技创新人才集聚效应不断放大。

张江科学城现有从业人员41.2万，大专及以上学历科技人才占比超过60%。张江科学城是全国创新人才集聚高地，集聚了诺贝尔奖获得者、海外院士、中国两院院士、产业领军人才等一批国内外高层次人才。张江科学城全面落实人才创新政策，持续开

---

① 参见《张江科学城：不仅仅有"科学"，更是一座"城"》，上观新闻，2021年4月7日。

展海外人才申请中国永久居留身份证和移民融入服务试点工作，率先试点永久居留推荐直通车制度、外籍人才口岸签证、外国本科及以上学历毕业生直接就业政策。与此同时，浦东国际人才港建成使用，上海国际科创人才服务中心开设，均为国内外人才提供了一体化便捷服务，由此人才服务水平显著提升，人才安居环境进一步改善。

（3）科技服务体系日趋完善。

张江科学城各类双创载体达到 100 家，在孵企业 2 500 余家，孵化面积近 80 万平方米，形成了"众创空间 + 创业苗圃 + 孵化器 + 加速器"的创新孵化链条。大中小企业融通创新格局在张江科学城初步建立，以跨国公司为主的大企业打造开放式创新平台，30 家跨国企业加入大中小企业融通发展联盟，通过联合技术攻关、创新需求发布、应用场景开放等方式，赋能中小微企业发展。张江科学城目前集聚了 160 多家市场化创投机构、23 家银行机构、17 家科创板上市企业，张江科创基金、上海科创中心股权投资基金、上海自贸区基金张江事业部等相继设立，金融对科技创新的支撑不断增强。同时，政务服务不断优化，如成立张江科学城建设项目管理服务中心，推出"一窗受理、一件通用、一门办结"服务等。

（4）高品质城市功能不断完善。

张江科学城，不仅仅有"科学"，更是一座"城"。一批有温度的项目，让这里日益成为宜居的"城"。张江科学会堂 2022 年将正式启用，国际社区人才公寓一期也将投用；机场联络线、轨交 21 号线等项目，将进一步优化科学城的交通网络布局；华师大二附中扩建、张江集镇配套中小学等项目，将有力提升科学城的教育服务水平；医学园区等一批租赁房项目将助力科学城形成多层次的住房体系。川杨河两岸绿地、张江中南区门户等生态景观项目已基本建成，张江技创公园景观得到提升，张江主题公园对外开放，提供城市化的公共休闲空间。[①]

---

① 参见上海市人民政府：《上海市张江科学城发展"十四五"规划》，2021 年。

### 2. 苏州工业园区产业创新生态

苏州工业园区是国内首个开放创新综合试验区域。经过20多年的发展，苏州工业园区发展成为中国对外开放的窗口，中国国际化创新创业的典范。园区打造开放创新生态圈，国际化程度日渐提升，集聚全球创新要素，取得了丰硕的开放创新成果。

（1）汇聚创新人才和平台支撑。

苏州工业园区自成立以来，就重视国内和国际人才的引进，先后出台多项人才政策提升人才吸引力。2007年，园区启动"金鸡湖科技领军人才创新创业工程"。为集聚高层次人才，2018年，《苏州工业园区关于加快建设世界一流高科技产业园区的科创扶持办法》发布。同年，苏州工业园区启动金鸡湖网上路演中心，为高科技人才提供金融、中介和项目合作等全方位的服务。截至2020年底，苏州工业园区人才总量超45万人，人才数量占就业人口比重达51%。2020年，园区启动"金鸡湖合伙人计划"等多项人才政策。根据新版"金鸡湖人才计划"，到2024年，园区人才总量将达60万人，其中，高层次人才总量达10万人，人才净流入达14.5万人。[①]

苏州工业园区面向全球集聚创新资源，积极引进和建设大院大所，提升园区创新策源能力。截至2020年底，围绕产业发展规划建设的独墅湖科教创新区先后引进中国科技大学、西交利物浦大学等31家国内外知名高校（研究院），以及中科院纳米所、微电子所等"国家队"科研院所15家。[②]目前，园区拥有跨国企业研发机构200多家，各类总部99家，其中，省级总部50家，占江苏省总数的17%，数量居全省第一。[③]2021年，苏州市生物制品检验检测基地等公共平台落户园区，有力支撑生物医药企业创新研发。

---

① 数据来自《"金鸡湖人才计划"升级　2024年苏州工业园区人才总量将达60万》，《苏州日报》2021年10月13日。

② 数据来自《苏州工业园区：科技创新驱动引领高质量发展》，新华网，2020年12月25日。

③ 数据来自《省级50家！苏州工业园区省级总部数量江苏第一》，中国江苏网，2021年3月19日。

（2）拔高产业地标，完善产业发展要素支撑。

产业是创新的基础和载体，苏州工业园区注重提升产业高度，发展高端产业。2020年，苏州工业园区生物医药、纳米技术应用、人工智能产业三大战略性新兴产业总产值达2 494亿元，增长22.9%。其中，生物医药创新成果倍增，产值突破千亿元，集聚相关企业近1 700家，累计推出一类新药临床批件280个，上市销售新药9款。集成电路产业产值达400亿元，增长11%，纳米技术应用产业突破千亿。[①]生物医药、纳米技术应用、人工智能产业在细分领域形成了完整的产业链。园区围绕产业链部署创新链，在关键核心技术领域取得突破性成果，为园区产业创新生态的完善提供支撑。

苏州工业园区创新完善金融支持企业发展。园区以母基金为抓手创新投资方式，于2006年成立全国第一家园区政府创投引导基金，到2019年该基金共计参与16只子基金募集。[②]园区加快完善科技融政策和产品服务体系，实行"科技金融＋普惠金融"园区模式，加快风险资本集聚。同时，苏州工业园区大力支持企业在国内和境外上市。园区积极探索"政银合作"模式，为企业提供便利化服务，创新金融服务体制和机制，成功发行全国首单知识产权质押创新创业债券。园区通过金融服务驱动苏州工业园区向世界一流高科技园区高质量发展。

（3）优化创新生态环境。

苏州工业园区持续优化营商环境，探索人工智能审批、创新"互联网＋监管"等模式以提高企业办事效率。园区构建知识产权保护新格局，推动知识产权保护提质增效。苏州工业园区科技创新委员会（知识产权局）、园区人民法院联合成立"知识产权纠纷协同调解中心"，提升知识产权纠纷解决效率。园区成立苏州国际

---

① 数据来自《GDP上涨6%，实际利用外资创新高　苏州工业园区亮出2020年度"成绩单"》，苏州工业园区管理委员会，2021年1月19日。

② 数据来自孙竹、张巨峰、薛淑莲、高健：《苏州政府引导基金实践及对国企科创资本运营的启示》，《国际经济合作》2020年第2期。

商事法庭，为中外市场主体提供公共司法帮助，为企业提供高效和精准的司法服务。

### 3. 嘉兴科技城产业创新生态

嘉兴科技城（嘉兴南湖高新技术产业园区）是嘉兴市科技要素集聚区。2020 年，科技城在产业和科技创新的多个领域取得了突破性的成果。2020 年，嘉兴科技城以微电子、智能装备、生物医药为代表的三大主导产业总产值达 448 亿元，三大产业产值分别为 224 亿元、112 亿元和 91 亿元。[①]2020 年，嘉兴科技城入围浙江省亩均效益前十强。目前，嘉兴科技城加速打造科创新城、产业新城和宜居新城，提升科技城产业创新生态。

（1）深化人才平台建设，引进国内外人才。

嘉兴科技城作为"嘉兴市人才改革试验区"，多年以来积极深化人才平台建设，打造人才生态最优区域，积极引进国内外人才，为人才提供全方位服务。嘉兴市积极出台人才政策，创新人才机制，如 2015 年出台《关于建设嘉兴市人才改革试验区的若干政策意见》，2020 年出台《嘉兴科技城人才服务新政 10 条》。2018 年 4 月，嘉兴科技城展示馆·智立方开馆，为创新创业人才提供"一站式"服务平台。2020 年 6 月，浙江长三角人才大厦正式启用，再添创业创新综合服务平台。嘉兴科技城在人才引进方面取得了丰硕的成果。截至 2021 年 9 月，科技城累计引进包含图灵奖、诺贝尔奖获得者在内的国外高端人才 66 人，引育国家引才计划 107 人、省引才计划 66 人。[②]嘉兴在浙江省率先推出"天使资金"激励政策，成立人才创业创新投资基金，支撑人才创新创业。

（2）加大创新平台载体建设。

嘉兴科技城加大科技创新平台建设，引进多家大院大所。至今已经拥有浙江清华长三角研究院、浙江清华柔性电子研究院、

---

① 数据来自《微电子、智能装备、生物医药"三驾马车"驱动　嘉兴科技城三大主导产业加速崛起》，央广网，2021 年 2 月 23 日。
② 数据来自王颖明、项洁、许冰州：《嘉兴科技城：人才企业蓄势聚力"加速跑"》，《嘉兴日报》2021 年 9 月 26 日。

浙江中科院应用技术研究院、浙江未来技术研究院、上海大学（浙江嘉兴）新兴产业研究院、浙大南湖求是驿站等科研院所，为科技创新发挥引领作用。同时，科技城开创"一院一园一基金"省校（院地）合作模式，加快"清华"三期、"中科院"三期南区、科技城加速器、两创中心等创新平台的建设。科技城加大双创平台承载能力升级，积极发挥创新平台的引领作用促进协同创新，提升载体平台的创新质量。

（3）围绕产业链招商，提高企业科技含量。

嘉兴科技城围绕强链、补链和延链创新招商形式，开展精准招商。完善微电子、智能装备和生物医药三大主导产业上下游产业链，着力做大做强主导产业。嘉兴科技城招商引商注重突出高科技。2020年，在生物医药产业领域引入亚瑟医药、和剂药业两大百亿元产业项目。2021年，嘉兴微创园二期项目开工，将建设企业研发楼及生产厂房。在集成电路产业，科技城已经拥有以闻泰通讯、斯达半导体、博创科技等为龙头的集成电路产业全链条。

嘉兴科技城为企业提供完善的金融服务，引入社会资本共建产业基金，在科技保险和人才银行等方面提供全方位的金融配套服务，提升科技城双创金融服务能力。同时，科技城积极推动企业上市。目前，科技城已有斯达半导体、明新旭腾、博创科技、摩贝信息等企业成功上市，并有多家企业已有明确的股改与上市计划。

（4）提供良好的配套服务，促进产城融合发展。

嘉兴科技城从基础设施、公共服务和生活配套等方面完善相关服务，推进产城融合发展，为科技城人才和企业提供良好的配套服务。清华附中嘉兴学校、亚欧学校、艺术幼儿园等加快建设，提升教育服务能力。科技城引进华夏幸福合作推进平台建设。沪嘉城际铁路先行工程开工，提升交通便捷性。图书馆分馆（智慧书房）、人才运动馆建设运行，提升生活配套能力。科技城还多次开展生态环境整治专项行动，让科技城环境焕然一新。

### 4. 南通高新区产业创新生态

近年来，南通高新区牢牢把握"高"和"新"的发展定位，坚持"发展高科技、实现产业化"方向，加快建立以企业为主体、市场为导向、科技与产业深度融合的创新发展体系，全面提升高新区科技创新综合水平，积极融入沿江科创带建设，努力打造具有重要影响力的创新发展新引擎、高新产业新地标、创新生态新标杆，以真抓实干建设更高水平的创新型园区。

（1）以平台为支撑，打造创新高地。

南通高新区聚焦科技创新中心建设，聚合创业孵化、技术研发、科技金融、公共服务四大平台，全力构建"产业承载＋技术驱动＋金融赋能＋集群突破"的创新驱动发展新格局。南通高新区已有高新技术企业 82 家，高新技术产业产值占比达 55.45%。南通高新区建有市级以上企业工程中心、技术中心 98 家，建成江海智汇园、江海圆梦谷、聚恒、聚丰、博鼎等孵化器、加速器，同时新建南通联港众创空间等多个创业服务平台，持续提升科技型中小企业引进和培育的力度。

（2）以引培为抓手，打造人才高地。

南通高新区坚持以产引才、以才促产，提升人才和产业契合度，推动产业链、人才链和创新链深度融合发展。重点引进领军型企业家、高层次创新创业人才和团队，近年来累计引进高层次人才 500 多名。坚持引育并举，大力实施企业领军人才培养工程，培育多层次、多领域、多梯度、多类型创新人才，壮大高水平工程师和高技能人才队伍。南通高新区积极探索"以才引才"模式，现有院士工作站 7 家，博士后科研工作站 14 家，充分发挥此类平台招才引智优势，拓宽柔性引才空间，畅通人才引进"绿色"通道。同时，加快推进人才发展体制改革和创新，实施人才分类评价，探索"项目制""候鸟制""兼职制"等柔性引才新机制。①

（3）以项目为龙头，打造产业高地。

南通高新区积极推动主导产业提档升级，汽车零部件产业围绕建成国家火炬汽车零部件特色产业基地总目标，引导产业向轻

---

① 参见《南通高新区：打造"四个高地"营造一流创新生态》，南通高新区，2021 年 12 月 31 日。

量化、智能化和定制化方向转型升级。新一代信息技术产业以特色专业园建设为引领，加快由印刷线路板向集成电路零部件、半导体光电等领域拓展；智能装备产业以非标准化成套自动设备为重点，加快向数字化、集成化、高端化升级。2021年，三大主导产业应税销售占规模以上工业的比重预计超60%，产业链条中25家企业成功入选南通市科创项目库。

（4）企业创新，政策保障。

南通高新区先后出台《南通高新区创新智谷建设三年行动计划》《南通高新区科技创新三年行动计划（2020—2022）》《南通高新区关于促进科技创新引领高质量发展的政策意见》等政策，构建"省市区有叠加，高新区再配套"的多元政策体系，全面激发企业自主创新内生动力。[①]

## 4.3　上海都市圈产业创新生态的不足

### 4.3.1　产业创新协调机制不完善

在当前的实践中，上海都市圈由于缺少顶层设计，跨区域合作往往受制于行政级别的不对等、地方发展意愿的不统一、成本分担和利益分享机制的不完善等问题，区域产业创新协调机制的形成受到阻碍。由于上海、苏州、南通和嘉兴分别是不同层次的区域经济发展中心或枢纽，虽然四个城市之间建立了合作交流机制，但尚未形成跨行政区的统一市场，影响彼此间协同的行政区划壁垒仍然存在。各城市出于各自科技、经济发展的利益需要，没有形成协同一致与分工合作的机制。城市间区域科技合作的制度安排不够，在科技规划的相互衔接、计划的相互开放、重大科技创新的联合开展、创新载体的共建等方面缺少相应的配套措施。目前还未建成市场化的利益分配和风险分担的机制，各城市在科

---

① 参见《打造创新发展新引擎、高新产业新地标、创新生态新标杆——南通高新区争创国家级创新型园区》，"江苏大小事儿"公众号，2021年10月19日。

技项目、科技规划、科技标准等方面都存在不一样的情况，差异性较大。各城市之间缺乏利益协调、资源流动和信息共享机制，缺乏统筹产业规划布局，导致跨区域间产业创新联动力不足等，在一定程度上阻碍了上海都市圈区域产业创新生态的发展。

### 4.3.2 产业创新资源分布不平衡

上海都市圈内部各城市差异明显，产业创新资源发展不均衡。上海都市圈内四个城市在以科技创新企业和高校等为代表的创新主体、以研发投入和财政性科技投入为主的创新投入、以专利成果等为代表的创新成果上都表现出明显的不均衡。产业创新资源主要集中在上海和苏州，而南通和嘉兴两个城市的产业创新资源和产业创新能力相对较弱。同时，上海都市圈各地在就业环境、公共服务、社会保障等方面存在差异，阻碍了产业创新要素在都市圈内的流动。上海和苏州吸纳创新资源和高端人才的能力远高于南通和嘉兴。并且，上海、苏州、南通和嘉兴在促进产业创新生态发展的政策支持力度上存在显著差异，对产业创新要素流动造成影响。创新资源不平衡和创新要素流动存在阻碍在一定程度上影响了上海都市圈产业创新的发展潜力，导致产业创新引擎动力不足。

### 4.3.3 协同创新体系尚未形成

上海都市圈各类创新资源布局分散，区域联动和互动发展不足，尚未形成"相互开放、知识共享、联合公关"的协同创新网络。由于受地方经济发展政策和目标的影响，不同城市之间创新体系在功能与定位等方面缺乏互补性，功能定位趋同，存在彼此同质竞争现象。各自的优势与特色得不到发挥，也造成了地方科技投入出现重复的局面，无法将有限的财力、科技、人才等产业创新资源进行统筹规划，从而制约了上海都市圈产业创新生态的发展。同时，上海都市圈在高新技术企业、高新技术成果等方面的认定标准存在不同，在很大程度上导致了创新成本的上升和资源的浪费，也阻碍了科技创新生产要素的自由流动和合理配置，降低了科技创新的效率。创新服务中介机构属地化明显，缺少跨区域的科技中介服务机构，影响都市圈科技成果流通转化。都市圈内创新资源区块分割、共享不足，创新和产业错位、对接不到位，尚未没有形成"研发＋科技成果转化＋产业发展"三位一体的协同创新体系。

## 4.3.4　园区创新生态有待完善

首先，上海都市圈部分产业园区产业定位不清晰，存在发展能级过低、同质化竞争严重的问题。部分园区招商缺乏针对性，以同类企业空间集聚的低级形态为主，龙头企业及其配套企业较少，产业关联度不高，集群规模较小，尚未有效形成产业链和产业生态。其次，部分园区缺少技术研发中心、孵化器等公共服务平台，研发设计、检验检测、知识产权和科技成果转化等公共服务不足，园区内还无法形成良好的"产学研"合作机制。在园区共建过程中，上海、苏州、南通和嘉兴存在较为明显的产业差异性，且各自产业发展诉求不同。对于上海来说，高端产业不愿意放手，而其他城市又由于其自身的产业发展目标也希望引进较为先进的产业部门，不愿意接受低端产业的布局，这样就导致了双方之间的协作深度不够。因而，园区产业创新生态建设需要进一步加强，上海都市圈协同发展产业生态体系有待打造。

## 4.3.5　创新成果和龙头企业的国际竞争力有待提高

上海都市圈创新资源配置力已有明显提升，主要表现在创新要素不断集聚，创新业态不断涌现，科技成果影响力不断提升，创新环境不断改善。但与纽约、伦敦等国际一流的创新城市相比，上海都市圈各城市还存在协同创新程度偏低、辐射带动能力偏弱、国际影响力不高、创新服务等软实力有待加强等问题。主要体现在企业核心技术创新能力不足，本土科技型"引擎"企业和独角兽公司与世界一流城市和都市圈相比差距明显。以上海为例，上海的 PCT 国际专利申请量与东京、巴黎等国际都市相比仍然差距甚大，甚至远远落后于深圳和北京。在国际人才配置中，从人才总量来看，上海与纽约、伦敦、巴黎、东京等城市的差距明显。以平均受教育年限和每万人大学生的数量为例，纽约、伦敦、巴黎、东京四个城市的居民平均受教育年限都在 16 年以上，而上海还不到 13 年，上海每万人的大学生数量仅为这四个城市平均数的64%。

## 4.4 完善上海都市圈产业创新生态的路径机制

### 4.4.1 完善创新协作机制，构建协同创新生态体系

完善和健全上海都市圈产业创新生态系统相关政策法规，营造有利于激发产业创新活力的政策环境，加快完善上海都市圈产业创新协作机制。建立符合创新规律的跨区域政府管理和协调制度，建立上海都市圈科创联席会议协调机制、科技创新战略框架，完善都市圈创新收益分配制度。消除影响上海都市圈内部产业承接、转移和创新的障碍。通过政策引导产业创新生态发展中的各种创新资源集聚，营造有利于人才、资金、技术等要素在上海都市圈内自由流动和高效配置的创新生态环境，促进上海都市圈科技资源共享服务平台建设，实现各城市间科学数据库、专家库等产业创新的要素资源开放共享。打造开放型区域协同创新共同体，切实推进上海都市圈产业创新生态系统协同发展。

### 4.4.2 完善园区产业链，提高园区产业配套能力

打造战略性新兴产业集群，引导和鼓励园区重点进行产业链

招商，着力引进一批投资规模大、科技含量高、带动能力强的大企业和大项目入驻园区。通过构建完善的产业链加强园区产业配套服务能力，围绕创新链、产业链的不同环节提供专业化和系统化的服务，推动上下游产业链和关联企业融合发展，打造有机融合、良性循环的产业创新生态。在产业园区及其周边布局技术研发中心、孵化器等公共服务平台，提供研发设计、检验检测、知识产权和科技成果转化等公共服务。搭建共性关键和应用技术平台，推进产学研战略合作，以研发突破性关键技术、攻坚基础性和共性技术问题，通过产业和平台集聚人才，为培育产业创新生态和提升产业链水平提供持续的源头动力。促进都市圈内各城市园区的合作，统筹规划，避免重复建设和资源浪费。在产业功能上，创新产业组织方式与促进产业形态迭代，集聚科技创新型企业，形成高新技术产业布局，大力发展战略性新兴产业，积极培育现代服务业和新兴业态，推动新兴产业快速发展成为园区核心产业，形成错落分工的产业生态。

### 4.4.3　优化技术转移体系，推动科技成果转化

加快建立统一技术交易市场、产权交易市场、咨询服务市场等中介服务体系。完善区域投融资体制，加快集聚多元化、多层次、多渠道科技金融资源，构筑多层次的资本供给链条。积极引导风险资本向处于创新前端的科技企业和新兴产业投资，形成风险共担和利益共享的联合体。加强知识产权保护与管理，完善科技成果、知识产权归属和利益分享机制，促进形成都市圈内部顺畅高效的创新成果转移转化体系。提升研发成果转化率，相关部门协调出台科研税务优惠政策，降低科研成果转化成本。借助政府和技术转移机构为主体的创新机构搭建科研成果转移平台，加快研发成果转化。鼓励企业自身积极创建科研部门，合理整合创新要素，加强企业与高校、科研机构间的创新合作，切实推进上海都市圈产业创新生态系统的构建进程。

### 4.4.4　构筑人才高地，打造产业创新人才优势

建立健全上海都市圈人才合作管理机制。打破地域分割，建立上海都市圈统一的人才交流市场，推进人才评价标准统一，促进人才在上海都市圈各城市的自由流动。加强海外高层次科技创新型人才的引进，完善以重大项目、产业联盟和创业基地等为载体的多种人才引进模式，吸引一批国际一流的战略科学家、科技企业家和高层次科研团队。强化创新人才与产业结合的培训制度和人才培养力度。重视产业技术人才的联合培育，建设一支结构合理、高效创新的产业技术人才队伍。建立健全人才培训与进修计划，通过企业专家和产业大师的经验分享、技能传授等方式提升产业技术人才的研发能力，通过组织内部各主体的协调与合作，畅通产业技术人才联合培养的机制。

### 4.4.5　完善科技创新体制，优化产业创新环境

完善科技创新体制，健全产学研深度融合激励机制，赋予科研院所、高校、企事业单位、科研人员更大自主权，实现科研力量优化配置和资源共享，促进新技术产业化规模化应用。健全多元化科技投入机制，完善金融支持创新体系，鼓励引进和发展创业投资机构。加强知识产权保护，完善科技创新成果交易、转化的服务支撑体系，增强市场主体的创新动力和持续竞争力。加快构建开放型产业创新体系，持续优化促进科技创新、管理创新、模式创新的制度环境，营造与国际接轨的、开放的市场化创新制度环境。建设开放多元、共生包容的创新文化，支持龙头企业技术创新，以主体培育为核心，加大创新源头种子孕育，形成以企业为主体、以高校院所及枢纽组织为支撑的产业创新生态。推进创业企业试错发展，促进都市圈多元创新主体蓬勃发展，提升企业产业创新能力。

# 5

## 上海都市圈产业协同发展

产业协同发展是都市圈协同发展的核心内容，是提升都市圈产业综合竞争力的关键支撑。改革开放以来，上海在快速发展过程中与苏州、南通及嘉兴在物理空间上基本连片，基础设施高度连通，经济活动密切往来，各城市间加强产业合作与分工，形成了良好的产业协同基础。随着上海都市圈同城化发展的推进，上海都市圈产业协同发展取得了较大进展。各城市间制定产业协同发展合作机制和框架协议，强化全产业链分工协作，发展形成各具优势的产业集群。同时，上海都市圈在产业协同规划、产业联动发展和差异化布局形成等方面存在不足。在未来，需要进一步统筹产业规划编制，促进都市圈要素流通，推进园区共建，提升上海都市圈产业协同发展水平。

Synergistic industrial development is the core content of the synergistic development of the metropolitan area, and is a key supporter to enhance the comprehensive competitiveness of the metropolitan area industries. Since the launch of Reform and Opening-up policy, Shanghai has been physically connected to Suzhou, Nantong and Jiaxing during its rapid development, with a high degree of infrastructure connectivity and close economic activities, and a good foundation for industrial synergy has been formed by strengthening industrial cooperation and division of labor between the cities. With the development of Shanghai Metropolitan area into a single city, greater progress has been made in the development of industrial synergy in Shanghai Metropolitan area. The cities have formulated cooperation mechanisms and framework agreements for collaborative industrial development, strengthened the division of labor in the whole industrial chain, and developed industrial clusters where each city has its own advantages. At the same time, there are shortcomings in the collaborative industrial development of Shanghai Metropolitan area in terms of collaborative industrial planning, joint industrial development and differentiated layout formation. In the future, it is necessary to further co-ordinate the preparation of industrial planning, promote the circulation of elements in the metropolitan area, promote the common construction of industrial parks, and promote the level of industrial synergy development in Shanghai Metropolitan area.

## 5.1 上海都市圈产业协同发展概况与历程

### 5.1.1 上海都市圈产业协同的概况

改革开放以来，全球化、市场化的深化持续深刻地影响中国城市和区域的发展格局。随着上海浦东开发开放带来的制度创新、产业集聚效应，上海的产业链向外延伸，对周边地区的经济发展起到了带动作用，奠定了上海经济发展的龙头地位。上海与苏州、南通及嘉兴的产业合作与分工也越来越密切。上海都市圈成为参与国际竞争的重要载体，其内部的一体化进程不断加快，并形成了各种城市和区域的协同模式。习近平总书记在首届中国国际进口博览会开幕式上的主旨演讲中指出，"将支持长江三角洲区域一体化发展并上升为国家战略"。2019 年 12 月，《长江三角洲区域一体化发展规划纲要》发布，提出"推动上海与近沪区域及苏锡常都市圈联动发展，构建上海大都市圈"。随着上海都市圈内部各城市经济联系日益紧密和长三角一体化发展国家战略深入实施，《虹桥国际开放枢纽建设总体方案》《长三角 G60 科创走廊建设方案》《长三角 G60 科创走廊"十四五"先进制造业产业协同发展规划》等规划方案先后实施，推动了上海都市圈同城市先进制造业和战略性新兴产业的协同发展。上海都市圈聚焦集成电路、生物医药、民用航空、数字经济、未来科技等先导产业，强化区域联动发展，在产业链贯通、价值链互补、供应链对接、数据链共享、创新链整合等领域深入推进分工与协作，共同打造世界级产业集群。[①]

在打造全球高端制造业基地的进程中，苏州以共建世界级产业链"核心链"为抓手，强化接轨上海、服务上海、融入上海工

---

① 参见《G60 科创走廊注入高质量发展要素》，《中国经济导报》2021 年 12 月 28 日。

作，推进产业合作项目有效实施，加快与上海优势产业协同。在集成电路产业协同发展方面，苏州积极与上海共建创新载体，共同推进产业联合项目研发。沪苏推动高水平开放融合，共建创新协同网络，在两地产业合作方面着力推进探索性发展、创新性发展、引领性发展路径，推进沪苏创新平台布局，加速沪苏创新协同体系建设。① 近年来，南通与上海进一步紧密合作，协同推进产业转型与发展。2018 年 5 月，南通市与上海市科学技术委员会签订《沪通科技创新全面战略合作协议》，双方将携手打造跨江创新联合体、创新创业引领示范。② 2022 年，两地将以"科创 + 产业"为引领，探索建设长三角科技创新共同体沪通产业创新示范区。近年，嘉兴提出了"总部在上海，生产在嘉兴；孵化在上海，转化在嘉兴"的协同模式，主动承接上海产业外溢，促进产业协同发展。2018 年 6 月，嘉兴市与上海市松江区、青浦区、金山区分别签署和发布区域联动发展三年行动计划，嘉兴与上海市三个区将围绕规划对接、产业平台合作、基础设施对接、公共服务合作等主要任务，共同推进落实一批重大合作事项。③ 2019 年 1 月，嘉兴经济技术开发区与苏州工业园区签订全面战略合作协议，推进建立联合招商平台；对接市场需求，加强产业升级合作，加强先进制造业等优势产业合作。④ 2021 年 9 月，上海虹桥国际中央商务区管理委员会与嘉兴市人民政府正式签订战略合作框架协议，在协同打造总部经济集聚区、开展经济贸易领域的交流与合作、协力办好中国国际进口博览会、促进双方会展和文旅产业融合发展等方面加强合作，推进产业融合协同发展。⑤ 2020 年 4 月，苏州市人民政府与南通市人民政府签订《关于加强苏通跨江融合发

① 参见《推进产业合作项目有效实施 加快协同上海优势产业 共建世界级产业链"核心链"》，《苏州日报》2021 年 12 月 3 日。
② 参见《签订科创全面战略合作协议 沪通打造跨江创新联合体》，中国江苏网，2018 年 5 月。
③ 参见《重磅！嘉兴与上海三个区发布联动发展三年行动计划》，《浙江日报》2018 年 6 月 20 日。
④ 参见《强强携手 嘉兴经开区与苏州工业园区开启全面战略合作》，浙江在线，2019 年 1 月 10 日。
⑤ 参见《上海虹桥国际中央商务区与嘉兴签订战略合作协议》，《浙江日报》2021 年 9 月 22 日。

展的战略合作协议》，两地将进一步加强产业协同发展，积极推动建立两地产业合作联盟，深化板块交流、园区合作共建。[①]

总体来说，上海都市圈内全产业链建设取得一定的效果，产业发展形成错落有致的发展格局，都市圈内创新链、产业链、供应链一体化布局取得突破性进展，在园区共建、产业生态圈建设方面成效显著，产业协同发展进一步提升。

### 5.1.2　上海都市圈产业协同发展的历程

新中国成立以来，上海都市圈区域经历了发展、停滞、再发展的过程。在这个过程中，上海作为整个长江三角洲地区中心城市的地位也经历了一个确立、消失、再确立的过程。这段历史大致可以分为以下几个阶段[②]：

第一阶段：1949 年新中国成立至 1978 年改革开放。新中国成立之初，大量的帝国主义和官僚资本主义资产被人民政府没收，加之政府所采取的一系列财政政策和社会制度改革，上海经济状况迅速好转。但是，当时国家的经济起点很低，而且工业的分布几乎都聚集在东部沿海城市，仅上海、天津、青岛、北京、广州、南京、无锡七个城市的工业产值就占全国工业总产值的 94%。政府为了追求公平，实施均衡发展战略，在资源分配投入上采取了"撒胡椒面"式的地区平均主义做法。这种牺牲效率换取公平的政策，不仅没有按照比较优势的原则进行工业布局，而且也使原先工业较发达的沿海城市进入畸形发展状态，这使本来就已经处于停滞状态的国民经济和扭曲的产业结构雪上加霜。在此期间，上海先后失去了全国乃至东亚金融贸易中心的地位，只被定位为功能单一的全国最大工业基地，这不仅对上海经济产生巨大影响，也使整个长江三角洲地区的区域经济丧失了整合功能。总而言之，

---

① 参见《苏州南通签署合作协议　加强两地跨江融合发展》，中国江苏网，2020 年 4 月 9 日。
② 参见谢露露、孙海霞：《长三角城市群协同发展机制的演变》，《上海经济》2021 年第 5 期。

由于这一时期的国家政策和计划经济体制的实施，长江三角洲地区良好的工业基础非但没有发挥自身优势的作用，反而在国家追求公平的同时牺牲了很多效率。区域核心上海也因为中心城市功能的大大削弱而发展缓慢，区域内部各城市功能定位重复和错误，缺乏市场竞争，这些因素都严重阻碍了长江三角洲地区的经济发展。

第二阶段：1978年改革开放至20世纪80年代。1978年以后，国家的区域经济发展战略发生重大变化，从原来的侧重公平转变为侧重效率，开始实施区域经济倾斜发展战略。中央政府赋予地方政府更充分的经济管理职能，使得地方政府有更多的自主权。在这样的背景下，特别是国家将东部沿海地区作为建设的重点，长江三角洲重新进行了城市功能分工和定位，整个区域的经济增长速度有了很大提高。但是在这段时期，上海作为中心城市的作用和功能没有得到充分发挥。究其原因，虽然改革开放后长江三角洲各个城市的经济增长速度都有了不同程度的提高，但20世纪80年代的上海并没有成为改革开放的主角，所有制结构仍然比较单一，也没有获得国家的政策倾斜，仅仅在传统经济体制内部尝试了一些治标之策。在这一阶段，以上海为中心城市的长江三角洲，经济增长落后于珠江三角洲地区，同时也不如江浙地区。

第三阶段：1993年至今。1993年，上海抓住机遇提出"以浦东开发为龙头，将上海建设成为国际经济、金融和贸易三个中心"的发展战略。在此后的十多年里，浦东新区大量吸收利用外资，进行体制创新，成为上海经济的增长点。与此同时，多元化金融市场的形成，商品市场、要素市场、房地产市场的迅速发展，都成为上海经济增长的"原动力"。上海的崛起也结束了长江三角洲地区"群龙无首"的离心状态，开始有效地把江苏南部和浙江北部纳入到地区发展体系里。2018年11月，习近平总书记在首届中国国际进口博览会开幕式上发表主旨演讲时宣布，将在上海自贸试验区增设新片区，在上海证券交易所设立科创板并试点注册制，支持长三角区域一体化发展并上升为国家战略。以上海为中心的上海都市圈拥有得天独厚的政策优势，逐渐成为中国若干都市圈中质量最好、经济总量最大的都市圈。

### 5.1.3　上海都市圈产业协同发展的成果与战略意义

随着经济全球化和国际分工体系的建立，区域产业分工是经济发展的重要趋势。2021年，全球领先管理咨询公司科尔尼发布全球城市指数报告［由"全球城市综合排名"（GCI）和"全球城市潜力排名"（GCO）两部分构成］。报告显示，中国有3个城市进入全球综合排名前十强，与美国上榜的城市数量持平，并超过欧洲（2个）和亚太其他地区（2个），上海排名上升两位，首次进入前十。在经济全球化和区域经济一体化背景下，上海作为中国长三角经济的中心，与相邻各城市之间的竞争与互动关系也变得尤为重要。以上海为核心，若干空间距离相近、经济联系紧密的城市共同构成的上海都市圈已然成为区域发展的一大特色，并将推动中国经济的发展腾飞。

上海都市圈作为正在崛起的世界级别都市圈，区域内各成员城市都在寻求开展不同规模和层次的分工与合作。对内，作为中国经济发展的区域增长极，肩负着带动、推动整个地区经济增长的重任；对外，要应对世界经济格局和跨国公司全球化战略，积极参与国际分工和竞争的挑战。《上海市城市总体规划（2017—2035年）》指出，要"以都市圈承载国家战略和要求，发挥上海作为都市圈中心城市的辐射带动作用，依托交通运输网络推动90分钟通勤范围内，与上海在产业分工、文化认同等方面关系紧密的近沪地区及周边协同形成同城化都市圈格局"。上海都市圈的提出有助于上海整合周边辐射城市的战略性资源、产业和通道，充分发挥中心城市的带动作用，使上海周边城市参与到全球城市网络的竞争中，促进区域整体发展。随着全球化与区域一体化的深入，全球城市网络已经基本形成，以上海为中心，与邻沪城市共同形成的上海都市圈成为国际竞争的主体，在经济社会发展中发挥着巨大的作用。

长江三角洲城市群是中国一体化发展最成熟的区域之一，是"一带一路"与长江经济带的重要交汇地带。在长江三角洲城市群中，上海都市圈是与上海经济、社会联系最紧密的区域。上海都市圈的产业协同关系着长三角城市群的未来发展，并将为中国经济的持续发展注入动力。

## 5.2 上海都市圈产业协同发展水平测度

上海都市圈包括四个城市，各个城市都是具有相对独立性和完整性的子系统，各城市都要发展某些相同的基础工业及相关的服务产业。因此，衡量产业分工状况需要多个指标。其中，产业的专业化系数衡量该地区在某行业上具有的专业化优势，产业结构系数用来表示地区间的产业结构相似现象与产业分工程度，区位商则用来衡量某一产业在特定区域的相对集中程度。通过计算多项指标，可以观察上海都市圈的专业化程度与主导产业，进一步探讨区域的产业协作，以及上海都市圈产业集群和该区域的产业分工格局特点。

### 5.2.1 产业专业化系数

一般认为，地区间产业实现差异化分工发展能够充分发挥各地的优势，但都市圈内部城市之间产业结构往往呈现趋同现象，从而相关产业往往突破单个地区在更大区域范围内形成一体化的产业分布。本章运用产业专业化系数测度上海都市圈内部的制造业结构差异程度和分工水平。产业专业化系数的计算式为：

$$K_{ij} = \sum_{k=1}^{n} |X_{ik} - X_{jk}| \qquad (5.1)$$

式（5.1）中：$i$ 和 $j$ 分别表示地区（或区域）$i$ 和地区（或区域）$j$；$n$ 为制造业所包含的行业数；$X_{ik}$（$X_{jk}$）（$k = 1, 2, \cdots, n$）

指在地区 $i(j)$ 的行业 $k$ 的产值占该地区制造业总产值的比重。$K_{ij}$ 为产业专业化系数，反映了地区 $i$ 与地区 $j$ 的制造业结构差异程度，其取值范围为 0—2，数值越大意味着地区间的制造业结构特色越明显、结构差异越显著。

地区间专业化系数用以考察两地之间制造业结构的差异程度，数值越大两地之间的差异程度越大，反之，则代表两地之间产业结构趋同。运用式（5.1）可求得近五年间上海都市圈内部制造业的结构差异程度和产业分工水平，结果见表 5.1。

为了便于观察，我们基于上面的数据，做出 2015—2019 年上海都市圈内部地区间的制造业专业化系数示意图，如图 5.1 所示。

从图 5.1 可看出，上海都市圈内部地区间的制造业专业化系数的结构变化情况如下：

第一，上海与南通、苏州和南通之间的制造业专业化系数整体上呈递减趋势。这表明，随着都市圈的发展，上海都市圈制造业的集聚程度逐渐下降。一方面，上海是都市圈的中心城市，其制造业逐渐向周边地区转移，创意经济、电子商务和金融等现代服务业逐渐取代制造业成为上海经济发展的重心；另一方面，在苏州、嘉兴和南通承接上海制造业转移的同时，它们与上海的经济互补性有所增强，市场竞争和产业定位的改变倒逼产业进行空间转移。

第二，上海与嘉兴之间的制造业专业化系数一直处于高位，

**表 5.1**
**上海都市圈内部地区间的制造业专业化系数（2015—2019 年）**

资料来源：课题组根据原始数据计算得到。

| 年 份 | 沪 通 | 沪 嘉 | 沪 苏 | 苏 通 |
|:---:|:---:|:---:|:---:|:---:|
| 2015 | 0.865 | 0.942 | 0.632 | 0.853 |
| 2016 | 0.859 | 0.945 | 0.647 | 0.836 |
| 2017 | 0.847 | 0.929 | 0.616 | 0.791 |
| 2018 | 0.832 | 0.895 | 0.623 | 0.809 |
| 2019 | 0.809 | 0.906 | 0.649 | 0.788 |

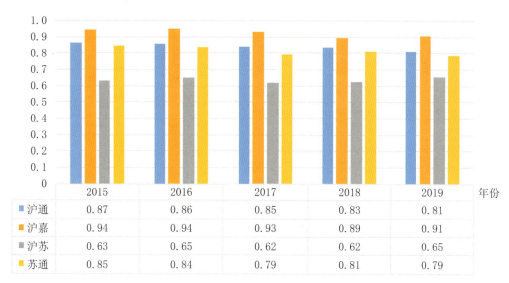

| 年份 | 2015 | 2016 | 2017 | 2018 | 2019 |
|---|---|---|---|---|---|
| ■ 沪通 | 0.87 | 0.86 | 0.85 | 0.83 | 0.81 |
| ■ 沪嘉 | 0.94 | 0.94 | 0.93 | 0.89 | 0.91 |
| ■ 沪苏 | 0.63 | 0.65 | 0.62 | 0.62 | 0.65 |
| ■ 苏通 | 0.85 | 0.84 | 0.79 | 0.81 | 0.79 |

**图 5.1**
**上海都市圈内部地区间的制造业专业化系数（2015—2019 年）**

资料来源：课题组计算绘制。

在 0.9 左右，位于几个城市的最高水平。这说明上海与嘉兴在制造业发展方面特色分明，界限比较明显，产业方向存在互补现象。而上海与苏州的专业化系数相对较小，可能的原因是，沪苏两地的产业联系更加紧密，产业集聚的现象较为明显，导致专业化系数值并不高。

第三，上海与苏州、上海与嘉兴之间的制造业专业化系数逐渐上升。这表明，上海与这两个城市之间的产业分工更加明确，产业结构的差异化程度在逐步加大。

综上所述，近五年上海都市圈一体化的增强，大大促进了其内部各地区专业化系数的提高，使各地区更专注于自己的优势产业。同时，上海将一些在本地区不具有竞争优势的制造业向周边转移，逐渐形成以现代服务业为中心的产业格局，从总体上降低了制造业的产业集中度和专业化水平。

### 5.2.2 产业结构差异程度

在分析上海都市圈产业协同的问题时，还需要测度其产业结构差异的程度。测度产业结构差异程度的指标有产业结构相似度指数和结构重合度指数等，各测度方法原理相同、方法接近，其中产业结构相似度指数较为常见，因此本章选择这一指标测度上海都市圈产业结构差异程度。[①]

联合国工业发展组织提出可以选用结构相似系数法来测量产业结构差异程度，其计算式为：

$$S_{ij} = \frac{\sum_{k=1}^{n}(X_{ik}X_{jk})}{\sqrt{\sum_{k=1}^{n}(X_{ik}^2)\sum_{k=1}^{n}(X_{jk}^2)}} \qquad (5.2)$$

式（5.2）中：$S_{ij}$ 为结构相似系数；$i$ 和 $j$ 分别表示地区（或区域）$i$ 和地区（或区域）$j$；$n$ 为制造业所包含的产业数；$X_{ik}$（$X_{jk}$）（$k = 1, 2, \cdots, n$）指在地区 $i$（$j$）的第 $k$ 产业的产值占该地区总产值的比重。$S_{ij}$ 的取值范围为 0—1。$S_{ij}$ 值为 0，说明两个地区（或区域）的产业结构完全不同；$S_{ij}$ 值为 1，说明两个地区（或区域）的产业结构完全相同。根据一定时期内 $S_{ij}$ 值的变化轨迹，可以判断制造业结构差异程度的变动趋势——$S_{ij}$ 值上升（下降），意味着产业结构趋同（趋异）。

本章利用上述产业结构差异程度系数的计算式，计算近十年上海、苏州、南通和嘉兴四个城市的产业结构相似系数，结果见表 5.2 和图 5.2。

从图 5.2 可看出上海都市圈内部地区间产业结构差异程度的变化情况如下：

第一，上海与苏州、南通和嘉兴之间的产业结构差异程度系数整体上呈下降趋势——由 2010 年的 0.94、0.93 和 0.93 分别下降到 2020 年的 0.93、0.91 和 0.88。这说明，上海与苏州、南通和嘉兴之间逐渐存在明显的产业梯度差异，在三个地区之间逐渐实现了产业的有效垂直分工。

---

① 参见梁颖、耿槟、梁小亮：《产业协同集聚影响工业地价分异的空间效应研究——基于区域一体化视角的分析》，《价格理论与实践》2021 年第 3 期。

| 年 份 | 沪 苏 | 沪 通 | 沪 嘉 | 苏 通 |
|---|---|---|---|---|
| 2010 | 0.940 | 0.932 | 0.926 | 0.996 |
| 2011 | 0.951 | 0.935 | 0.930 | 0.996 |
| 2012 | 0.945 | 0.929 | 0.927 | 0.996 |
| 2013 | 0.941 | 0.926 | 0.917 | 0.997 |
| 2014 | 0.939 | 0.931 | 0.906 | 0.998 |
| 2015 | 0.931 | 0.906 | 0.899 | 0.996 |
| 2016 | 0.929 | 0.901 | 0.886 | 0.996 |
| 2017 | 0.930 | 0.904 | 0.882 | 0.997 |
| 2018 | 0.925 | 0.906 | 0.876 | 0.998 |
| 2019 | 0.926 | 0.896 | 0.862 | 0.996 |
| 2020 | 0.930 | 0.906 | 0.878 | 0.997 |

图 5.2
上海都市圈内部地区间的
产业结构差异程度系数
（2010—2020 年）

资料来源：课题组计算绘制。

第二，苏州与南通之间的产业结构相似系数在近十年间基本呈平稳态势，且相似系数处于 0.99 高位附近。这表明，苏州与南通之间可能存在明显的产业竞争关系，两地的主导产业和优势产业较为相似，产业集聚的现象比较明显。

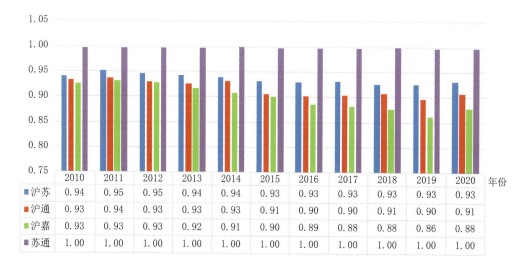

| | 2010 | 2011 | 2012 | 2013 | 2014 | 2015 | 2016 | 2017 | 2018 | 2019 | 2020 |
|---|---|---|---|---|---|---|---|---|---|---|---|
| 沪苏 | 0.94 | 0.95 | 0.95 | 0.94 | 0.94 | 0.93 | 0.93 | 0.93 | 0.93 | 0.93 | 0.93 |
| 沪通 | 0.93 | 0.94 | 0.93 | 0.93 | 0.93 | 0.91 | 0.90 | 0.90 | 0.91 | 0.90 | 0.91 |
| 沪嘉 | 0.93 | 0.93 | 0.93 | 0.92 | 0.91 | 0.90 | 0.89 | 0.88 | 0.88 | 0.86 | 0.88 |
| 苏通 | 1.00 | 1.00 | 1.00 | 1.00 | 1.00 | 1.00 | 1.00 | 1.00 | 1.00 | 1.00 | 1.00 |

### 5.2.3　相对专业化程度

区位商（$Q$）用来衡量某一产业在一特定区域的相对专业化程度。通过计算某一区域产业的区位商，可找出该区域在全国具有一定地位的优势专业化产业。计算公式如下：

$$Q = \frac{e_i}{\sum e_i} \bigg/ \frac{E_i}{\sum E_i} \qquad (5.3)$$

式中：$e_i$ 为某一特定区域第 $i$ 产业的产值（或就业人数）；$\sum e_i$ 为该区域某行业总产值（或就业总人数）；$E_i$ 为全国第 $i$ 产业的产值（或就业人数）；$\sum E_i$ 为全国第 $i$ 产业的总产值（或总就业人数）；$Q$ 为区位商，专门化率依据区位商 $Q$ 值的大小来衡量，$Q$ 的值越大，专门化率也越大。一般来讲，如若产业的区位商大于1，该行业在全国就具有一定的专业化优势；如果产业的区位商大于1.5，则具有明显的专业化优势。

为测算上海都市圈三大产业各城市间的相对专业化程度，将相关基础数据代入式（5.3），计算出 2015—2019 年三大产业的 $Q$ 值，结果见表 5.3 和图 5.3。

从图 5.3 可看出上海都市圈内部地区间的三大产业的区位商的结构变化情况如下：

首先，从都市圈总体而言，整个第二、第三产业的 $Q$ 值显著高于第一产业。这说明在上海都市圈内主要的产业协同还是体现在第二、第三产业之中。其次，我们可以观察到第二产业的 $Q$ 值

**表 5.3**
**上海都市圈三大产业的区位商（2015—2019 年）**

资料来源：课题组根据原始数据计算得到。

| 年　份 | 第一产业 | 第二产业 | 第三产业 |
|---|---|---|---|
| 2015 | 0.247 | 1.512 | 1.140 |
| 2016 | 0.248 | 1.511 | 1.131 |
| 2017 | 0.239 | 1.511 | 1.127 |
| 2018 | 0.235 | 1.515 | 1.113 |
| 2019 | 0.236 | 1.402 | 1.161 |

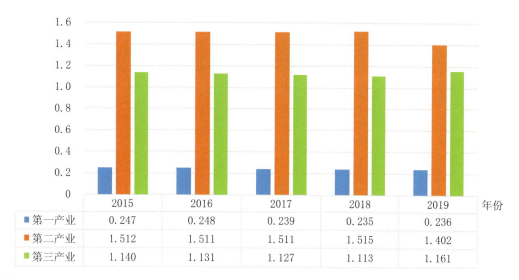

| 年份 | 2015 | 2016 | 2017 | 2018 | 2019 |
|---|---|---|---|---|---|
| ■ 第一产业 | 0.247 | 0.248 | 0.239 | 0.235 | 0.236 |
| ■ 第二产业 | 1.512 | 1.511 | 1.511 | 1.515 | 1.402 |
| ■ 第三产业 | 1.140 | 1.131 | 1.127 | 1.113 | 1.161 |

图 5.3
上海都市圈三大产业的区位商（2015—2019 年）

资料来源：课题组计算绘制。

最高，在 1.5 左右徘徊。这说明上海都市圈第三产业具有一定的专业化优势，而第二产业在上海都市圈范围内的专业化优势较为明显。最后，从 2018—2019 年的趋势来看，上海都市圈在第三产业方面的专业化优势正在扩大，第二产业的专业化优势逐步缩小。这说明第三产业相较第二产业正在逐渐成为上海都市圈的优势产业。①

## 5.3　上海都市圈产业协同发展存在的问题

上海都市圈要想增强整体竞争力，实现经济高效、持续的增长，就必须进行合理的产业分工，走向经济一体化。2016 年《长江三角洲城市群发展规划》指出，长江三角洲城市群在发展中存在着"城市间分工协作不够，低水平同质化竞争严重，城市群一体化发展的体制机制有待进一步完善"等问题。

---

① 参见禚金吉、魏守华、刘小静：《产业同构背景下长三角产业一体化发展研究》，《现代城市研究》2011 年第 2 期。

### 5.3.1　功能定位不够清晰，差异化布局尚未形成

　　上海都市圈内部城市之间的功能定位存在重叠，尽管不同城市都在寻求开展不同规模和层次的分工与合作，但在地方分权背景下，城市之间在要素乃至产品和服务市场的激烈竞争就成为必然。在产业整合过程中忽视了区域内部的合作和共赢，缺乏对自身在区域发展中的地位和作用的定位，也使得该区域产业发展出现缺乏特点、行业集群度较低等问题。以制造业为例，从专业化系数来看，上海与苏州的专业化系数并不高，在 0.6 附近，说明上海与苏州的产业定位仍需要不断明晰，产业的分工需要具体细化。

　　跨区域产业分工协作是都市圈产业发展空间格局优化的关键之举，迫切需要跨区域推动产业协同发展、错位发展。都市圈内各城市产业定位不清，未形成差异化产业分工布局，影响各地的区域间资源流动，不利于做长做大产业链，形成规模效益，不利于都市圈内资源在更大范围内有效配置和都市圈产业协同发展格局的形成。因而，都市圈各城市要综合考量区域空间、资源禀赋，聚焦不同产业，有差异地进行重点产业布局，形成有效的全域产业协同。

### 5.3.2　缺乏产业协同规划，一体化机制亟待构建

　　上海都市圈内部缺乏统一规划，存在一定的地方保护主义。首先，纵观上海都市圈发展的过程，缺乏统一规划，致使产业结构的差异化不明显，阻碍了产业的协同发展。由于上海都市圈四个城市分属于三个不同的行政区划，行政隶属关系复杂，权责各有不同，地区间协调的难度较大。行政分割造成的壁垒无形地阻碍了上海都市圈产业结构的整合和规模经济的形成。

　　其次，由于区域内部缺乏统一的协调和规划，都市圈内存在盲目建设、重复建设等问题，造成了大量的资源浪费。同时，行

政区域划分也使得交通及基础建设等工程，因缺乏三地政府间的内部协调和跨行政区划审批困难而进程缓慢，也影响了上海都市圈产业一体化的进程。

最后，上海都市圈产业协同缺乏统一的规划举措，不仅导致区域内各地竞争激烈，而且导致人口分布不均衡，在大城市过度聚集，在周边地区聚集度不够，同时也由于相同类型的污染物排放叠加而导致环境污染问题严重。因此，上海都市圈地区迫切需要产业统筹规划与合理分工，形成一体化协作机制，统筹产业协同布局。

### 5.3.3　要素市场存在分割现象，产业联动仍需加强

上海都市圈发展的本质是生产要素的充分流动与融合。然而，由于上海都市圈区域整合发展的市场体系尚未建立，市场壁垒仍然存在，生产要素如资金、人才、产权、技术等自由流动受到了较大的限制。事实上，四地在都市圈发展过程中由于缺乏对于要素市场的共同建设，使得市场分割比较严重，阻碍了产业一体化的发展步伐。上海都市圈在规划建设中政府干预过多，企业主体作用不强，市场化程度还不够高。

此外，上海都市圈内投融资机制不健全，金融资源流通存在障碍，融资难、融资贵问题凸显。投融资机制改革不到位，金融市场和金融服务体系发育迟缓，在严监管、去杠杆和融资政策收紧的趋势下，嘉兴、南通的中小企业普遍存在融资渠道狭窄、资金流结构单一等问题，导致这些城市在投资建设过程中存在资金链断裂的风险。

并且，在南通、嘉兴两城，人才、技术、数据市场发育迟缓，高端要素信息资源短缺，在高新技术产业、数字经济新产业、新业态和新模式方面发展都严重滞后于上海和苏州，不能有效实现对周边产业的吸纳和带动，难以实现产业的联动效应。

## 5.4 上海都市圈产业协同发展的实现路径

### 5.4.1 利用长三角一体化契机，加快制定产业协同发展战略

长三角一体化建设作为国家区域重大战略，不仅肩负着推进长三角区域协同发展战略的重要使命，同时也是加快上海都市圈产业协同发展的重要突破口。综合考虑上海的优势产业和上海在上海都市圈中独特的地理区位，充分利用好上海自贸试验区的制度优势及高水平开放红利，以市场一体化和高水平对外开放为依托，打造上海都市圈和长三角一体化高水平协同互动，是实现区域高质量发展的必经之路。

综观伦敦都市圈、东京都市圈等区域合作典范，当地政府在整个区域范围内进行战略统筹起到了至关重要的作用。因此，统筹区域产业发展应当成为上海都市圈今后发展目标的重点之一。要突破上海都市圈的行政分割，四市政府首先应该在观念上摒弃地方保护的思想意识，顺应产业一体化的发展趋势，树立区域整体观念，积极开展四市政府间的平等对话、平等合作。此外，政府在产业一体化的过程中应起到引导者而非主导者的作用，根据上海都市圈各自的城市功能定位，有目的地引导产业发展，加强统筹编制产业地图，统一制定产业转型清单，构建上海都市圈特色鲜明、优势互补的发展格局。

### 5.4.2 以重点产业为承接平台，聚焦推动共建产业园区

优化产业布局是上海都市圈产业协同发展的必要前提。基于制造业专业化系数指标分析，上海应重点发展高端产业和现代服务业；苏州应将发展电子信息产业、现代医药产业、汽车制造业等放在优先位置，打造具有竞争力的现代制造业基地；嘉兴应立

足于自身的资源优势和产业基础，高水平规划建设嘉兴G60科创大走廊，与上海的科创中心做好对接，发展具有自己特色的数字化产业。此外，上海都市圈产业在空间布局上要实现关联配套、有机对接，形成合理的产业链条，进而建构优化的产业网络。例如，对于集成电路、生物医药和人工智能等沪苏两地均具有优势的产业而言，其相关配套产业也应布局在沪苏周边地区，以便快速对接。针对这些产业发展所需的上游产业，如机器零部件等行业，则可布局到南通、嘉兴。

对于现代服务业的布局而言，沪苏两地可以发挥其对外辐射功能。首先，上海现代服务业发展迅速，在金融保险、电子商务、技术研发等领域相对领先。因此，可以利用优势产业中的人才、技术等要素为周边落后地区提供配套服务。另外，苏州（太仓、张家港）具有得天独厚的港口优势，其港口开发较早，且配套设施完善。因此，可以利用苏州港独有的区位优势实现对周边现代服务产业的物流支持和配套服务。总之，上海都市圈应不断加强顶层设计，优化产业布局，积极构建基于产业链和价值链分工的产业协作体系，消除目前的产业断裂现象，形成错落有致的产业综合体。

## 专栏 5.1　苏州工业园区携手上海共谋协同创新

苏州工业园区积极寻求各方"共振点""共赢点""兴奋点"，在岁末年初主动谋划区域协同创新发展新格局。2020 年 12 月 28 日，苏州工业园区对接上海科创中心建设合作交流会在上海举行，两地生物医药、人工智能、半导体和游戏等领域的近 30 个优质项目签署合作协议，今后将提速沪苏两地创新要素流动、产业资源深度融合。现场，生物医药临床资源合作战略联盟同时揭牌。

上海是中国改革开放的领头羊、创新发展的先行者，也是长三角区域一体化发展的领头雁。近年来，上海肩负中央重大使命，加快建设具有全球影响力的科创中心，全球资源配置、科技创新策源、高端产业引领、开放枢纽门户"四大功能"不断强化。苏州与上海地域相连、人缘相亲、经济相融、文脉相通，具有协同发展的历史传统与现实基础。两地对接合作源远流长，从"星期日工程师"到"大树底下种好碧螺春"，苏州改革开放 40 多年的发展，其中一条重要经验就是学习、接轨、服务、融入上海，在上海的辐射带动下，不断迈上发展新台阶。

苏州工业园区是中国和新加坡两国政府间具有标志意义的合作项目，是中国改革开放的重要窗口。近年来，苏州工业园区围绕"建设世界一流高科技园区"目标，积极融入全球创新网络，聚力打造高质量发展的创新引擎，创新资源加速集聚，创新产业爆发增长。目前，辖区拥有国内外一流科研院所 40 多家、优秀科创企业近 10 000 家，各类人才总数连续多年在全国开发区中保持第一，形成了新一代信息技术、高端装备制造、生物医药、纳米技术应用"四个千亿级"特色产业集群。其中，生物医药产业竞争力、人才竞争力位居全国各类园区第一，成为苏州高质量发展的先行军、排头兵，为长三角区域协同创新贡献了不可或缺的"园区要素"。

当前，苏州工业园区积极抢抓长三角区域一体化发展、自贸区建设等重大战略叠加机遇，正加快构建全方位、深层次、宽领域接轨上海的新格局，加速形成共同推动创新、共同培育产业、共同享受利益的良好机制。双方此次签约的项目，将助力沪苏两地科技创新资源互联互通、开放共享，助力双方在更高水平协同中实现合作共赢。

现场揭牌的生物医药临床资源合作战略联盟，今后将建立临床试验协作机制，推动复旦大学附属中山医院、上海交通大学医学院附属瑞金医院等上海市 7 家三级甲等医院与园区医药研发企业开展合作，促进园区企业创新产品更好地在上海开展临床试验。此外，该联盟还将重点聚焦肿瘤、神经性疾病、心血管疾病、免疫系统疾病、血液疾病、感染性疾病等领域开展合作，为园区企业提供更便捷、更优质、价格更优惠的临床研究相关资源以及临床试验业务（CRO）服务等。

活动中，来自沪苏两地的专家还就融入长三角一体化和科技创新合作做主题分享，探讨在沪苏同城化背景下，园区与上海如何各扬所长、优势互补，形成"1+1>2"的协同效应。

资料来源：《苏州工业园区携手上海共谋协同创新》，《苏州日报》2020 年 12 月 29 日。

### 5.4.3　以上海经济为支点，推动产业融合联动发展

上海作为在服务业、高新技术产业和文化创意产业等方面优势明显的城市，要充分发挥龙头带动作用，发挥作为国际金融中心的经济和金融功能，继续加强打造成为中国的经济中心、时尚中心、科技创新中心和国际交流中心。从产业功能链上来看，上海应作为企业总部所在地，集研发和销售功能为一体，其他非核心的生产制造等应逐渐向外转移。

苏州坐拥南方的综合性港口，货物吞吐量世界排名第七，土地资源丰富，同时还有历史上积累下来的良好的制造业基础和对外开放优势，是一个加工型与服务型为主的城市。苏州应在合理发展现代制造业的背景下，大力发展服务业，实现服务和制造双轨发展。在产业功能链方面，苏州要重点打造其生产研发和加工制造功能，在某些具有优势的行业承接一部分转移自上海的总部功能。

南通应依靠距离上海近的优势，注重贸易、物流等产业的发展，打造上海都市圈的进出口贸易中心及货物集散中心。嘉兴在轻加工工业、农业、旅游业方面具有较大优势，但近几年由于环境污染问题，嘉兴重点发展现代制造业、综合服务业和科技含量较高、机械化水平较强的现代农业，支持并引导绿色农业，提高产业层次，摒弃传统制造业的缺陷。

与此同时，苏州、南通和嘉兴三城应做好准备，承接从上海转移的金融服务和后台支持基地，完善各类金融机构总部产品研发、客户服务和数据备份等后台机构的配套建设，打好壮大金融行业的基础，努力实现上海都市圈产业结构向着高级化、合理化方向发展。

### 5.4.4　破除要素流动障碍，促进上海都市圈要素联动

构建公平、包容、有序、协调的市场体系，可以使各类商品、生产要素、企业和服务在区域间得以充分地自由流动，突破区域

壁垒和要素流动障碍。通过生产要素的跨城市流动，实现劳动力、资本、技术等生产要素禀赋的优势互补，是促进上海都市圈产业协同发展的必要路径。

首先，上海都市圈要破除要素自由流动的体制机制障碍，扩大要素市场化配置范围，推进要素市场制度建设，着眼于提高生产要素价格的市场化程度。完善以市场定价为主体、政府定价与市场定价相联系的价格形成体系，使价格能充分反映价值规律、供求关系，实现要素价格市场决定、流动自主有序、配置高效公平。其次，上海都市圈四城市应努力构建公平、包容、有序、协调的区域市场体系，营造要素自由流动的市场环境，打破城市区域壁垒，实现产业协同发展。此外，还应加强基础设施建设，构建一体化交通体系，实现上海都市圈的交通信息和运输系统共享。

**6**

# 上海都市圈产业
# 配套能力

产业配套能力对区域发展具有重要作用。本章首先以集成电路、生物医药、人工智能三大产业为例，从产业链不同环节的龙头企业、人才资源、产业政策和产业空间分布等方面分析上海都市圈产业配套能力。上海都市圈在集成电路、生物医药和人工智能三大产业形成了完备的产业链，产业链各环节都有具有全国甚至国际影响力的龙头企业，众多配套企业在上海都市圈集聚，产业呈现集群发展态势，并以科技园区为载体形成较为合理的产业空间布局。上海都市圈人才资源和产业发展政策为产业发展提供良好的环境，具有较强的产业配套能力。其次，采用 2017 年 42 部门投入产出表，定量分析上海产业内和产业间配套能力。上海产业配套能力较强的行业主要有化学产品、通用设备、交通运输设备、通信设备、计算机和其他电子设备，以及生产性服务业中的金融、交通运输、仓储和邮政、信息传输、软件和信息技术服务、租赁和商务服务等行业。上海生产性服务业中主要产业配套能力高于北京、天津和重庆。上海都市圈各城市产业协作分工的加强，将进一步提升上海都市圈的产业配套能力，有效促进上海都市圈现代产业体系的构建。

Industrial supporting capacity plays an important role in regional development. This chapter first takes the three major industries of integrated circuits, biomedicine and artificial intelligence as examples. It then analyzes the industrial supporting capacity of Shanghai Metropolitan area in terms of leading enterprises in different links of the industrial chain, human resources, and industrial policies and industrial spatial distribution. Shanghai Metropolitan area has formed a complete industrial chain in the three major industries. There are leading enterprises with national and even international influence in each link of the industry chain, and many supporting enterprises are clustered in this area. Human resources and industrial development policies in this area provide a suitable environment for industrial development and have good industrial supporting capabilities. Secondly, the 42 sectoral input-output tables of 2017 were used to analyze Shanghai's intra-industry and inter-industry supporting capabilities. The industries with strong industrial supporting capacity in Shanghai are mainly chemical products, general equipment, transportation equipment, communication equipment, computer and other electronic equipment, together with those business services such as the financial, transportation, storage and postal, information transmission, software and information technology services, and leasing and business services. Shanghai has a higher capacity than Beijing, Tianjin, and Chongqing in supporting major industries in the production service sector. The strengthening of the industrial collaboration and division of labor among the cities will further enhance the industrial supporting capacity and effectively promote the construction of a modern industrial system.

## 6.1 上海都市圈产业链细分龙头企业

　　完善的产业链能够大大地缩短产品的开发周期，产业链的各环节科学分工，使企业能较大幅度地降低生产成本和经营风险。产业链的优化不仅使上下游产业得以配套，更能提升一个地区的产品配套能力。产业链的发展程度亦即产业和产品的配套能力，已经成为投资环境最重要的影响因素。上海都市圈在集成电路、人工智能和生物医药三个产业形成了较为完善的产业链，在产业链的不同环节都有具有全国甚至国际影响力的龙头企业，加速了产业集聚，有很强的产业配套优势。上海和苏州是上海都市圈集成电路、生物医药和人工智能产业的主要集聚地、策源地。

### 6.1.1 集成电路产业链细分龙头企业

　　集成电路的产业链是以产品生产和服务的提供过程为主的要素产业链。完整的集成电路产业链既包括设计、制造和封装测试三个分支产业，还包括集成电路专门设备和专门材料两个相关支撑产业（图6.1）。

　　上海在集成电路产业的设计、制造、封测及专业设备产业链条上的每个环节都发展较为完备，尤其是集成电路制造在全国具有绝对优势。2020年，上海的集成电路产业规模超过2 000亿元，增速超过20%，占全国集成电路产业规模的比重约为22%。目前，超过700家集成电路重点企业落户上海。[①] 上海成为国内集成电路领域头部企业最多、产业链最集中的地区。苏州按照"做大设计、做专制造、做强封测、做优配套"的思路，围绕集成电路产业链精准布局。目前，苏州在集成电路领域已经形成较为完善的产业

---

① 数据来自《上海市副市长吴清：去年上海集成电路产业规模占全国比重约22%，产值超2 000亿元增速超20%》，界面新闻，2021年3月17日。

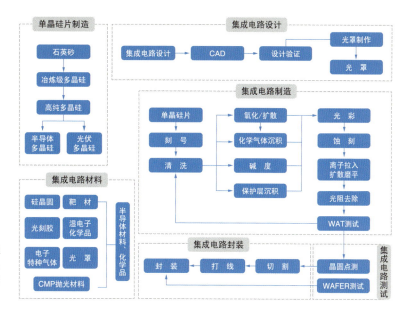

**图 6.1**
**集成电路产业链示意图**

资料来源:《集成电路产业链全景梳理及区域热力地图》,前瞻经济学人,2021 年 5 月 28 日。

链。南通将集成电路作为产业发展的重中之重加以突破,初步形成了集芯片设计、半导体器件制造、封装测试、设备材料制造和技术服务于一体的全产业链发展格局。

目前,全球十大集成电路厂商有 7 家在上海落户,包括英特尔(Intel)、博通(Broadcom)、高通(Qualcomm)、德州仪器(TI)、意法半导体(ST)、铠侠电子(Kioxia)、恩智浦(NXP)(表 6.1)。全球前十大封测企业有 6 家进驻苏州工业园区。跨国公司集聚正是因为上海都市圈集成电路产业有良好的产业配套能力。

上海都市圈集成电路产业在全国处于领先地位,龙头企业具有较强的竞争力和创新力。在 2020 年中国十大芯片企业排名中,上海的韦尔股份、紫光展锐、格科微电子分别排在第二、第四和第六名。[①] "2020 中国最具创新力半导体企业 50 强"名单中,上海都市圈有 15 家企业入围,其中上海有 12 家,苏州有 3 家(表 6.2)。

在集成电路设计领域,上海的展讯通信、格科微电子、联芯

---

① 参见《2020 中国最具创新力半导体企业 50 强》,"驱动中国"公众号,2020 年 9 月 15 日。

表6.1
全球十大集成电路厂商落
地中国区域

资料来源：课题组整理。

| 企　　业 | 所属国家 | 细分领域 | 落地中国区域 |
|---|---|---|---|
| 英特尔（Intel） | 美国 | 处理器 | 上海紫竹 |
| 三星电子（Samsung） | 韩国 | 芯片、存储器 | 北京、天津等 |
| 海力士（Hynix） | 韩国 | 存储器 | 无锡、北京 |
| 美光科技（Micron） | 美国 | 存储器、图像传感器 | 西安 |
| 博通（Broadcom） | 美国 | 芯片 | 上海静安、北京 |
| 高通（Qualcomm） | 美国 | 芯片 | 北京、深圳、上海 |
| 德州仪器（TI） | 美国 | 模拟信号器件 | 上海张江 |
| 意法半导体（ST） | 瑞士 | 微控制单元、芯片 | 上海外高桥、深圳、北京 |
| 铠侠电子（Kioxia） | 日本 | 存储器 | 上海外高桥、深圳 |
| 恩智浦（NXP） | 荷兰 | 芯片、微控制单元 | 上海外高桥、深圳、北京 |

科技、上海复旦微电子和上海华虹等企业在全国处于领先地位。
芯片设计环节，苏州前瞻布局电源管理、物联网、网络通信、存
储及信息安全芯片等领域，涌现出一批后劲十足的特色企业，国
芯科技、超锐微电子、昇显微电子等企业在集成电路研发设计领
域做出了特色。其中，敏芯股份持续攻关微电子机械系统传感器
研发设计，思瑞浦聚焦高性能模拟芯片研发设计加强创新投入，
两家公司已成功登陆科创板。[①]

　　相对于集成电路设计和制造而言，中国封装测试业与国际先
进水平较为接近，不存在代差。在封测领域，上海主要有安靠封
装测试（上海）有限公司、晟碟半导体（上海）有限公司、日月
光封装测试（上海）有限公司、上海凯虹科技有限公司等企业；
苏州有恩智浦半导体、矽品科技（苏州）有限公司；南通有南通
华达微电子集团有限公司、南通富士通微电子股份有限公司。其
中，南通华达微电子集团有限公司、恩智浦半导体、安靠封装测
试（上海）有限公司、矽品科技（苏州）有限公司、晟碟半导体

---

① 参见《苏州：让创新成为集成电路产业发展"最硬内核"》，新浪财经，2020年12月3日。

表 6.2
"2020 中国最具创新力半导体企业 50 强"中上海都市圈企业名单

资料来源:《2020 中国最具创新力半导体企业 50 强》,"驱动中国"公众号,2020 年 9 月 15 日。

| 品 牌 | 公 司 全 称 | 排名 |
|---|---|---|
| 华大半导体 | 华大半导体有限公司 | 6 |
| 中芯国际 | 中芯国际集成电路制造(上海)有限公司 | 9 |
| 华虹集团 | 上海华虹(集团)有限公司 | 10 |
| 和舰科技 | 和舰科技(苏州)有限公司 | 13 |
| 和舰科技(苏州)有限公司 | 上海韦尔半导体股份有限公司 | 15 |
| 格科微电子 | 格科微电子(上海)有限公司 | 17 |
| 普冉半导体 | 普冉半导体(上海)股份有限公司 | 19 |
| 地平线 | 地平线(上海)人工智能技术有限公司 | 21 |
| 顺芯半导体 | 苏州顺芯半导体有限公司 | 22 |
| 盛美半导体 | 盛美半导体设备(上海)股份有限公司 | 23 |
| 能讯半导体 | 苏州能讯高能半导体有限公司 | 26 |
| 华力微电子 | 上海华力微电子有限公司 | 30 |
| 华虹宏力 | 上海华虹宏力半导体制造有限公司 | 31 |
| 中微公司 | 中微半导体设备(上海)股份有限公司 | 41 |
| 艾为电子 | 上海艾为电子技术股份有限公司 | 44 |

(上海)有限公司进入 2020 年中国半导体封测前十名(表 6.3)。

在集成电路制造领域,上海有中芯国际、上海华虹宏力半导体、华力微电子等在国内处于领先地位的头部企业。中芯国际集成电路制造有限公司、SK 海力士半导体(中国)有限公司、上海华虹(集团)有限公司、台积电(中国)有限公司和舰芯片(苏州)股份有限公司进入 2019 年中国半导体制造十大企业榜单。[①]其中,中芯国际、华虹集团的年销售额在国内位居前两位。目前,中芯国际已经完成了 14 纳米芯片的量产,良品率高达 95%,达到了业内领先水平。至于更先进的 7 纳米芯片,中芯国际也突破了相关技术,和台积电 7 纳米工艺的差距越来越小。整体而言,中国芯片制造领域与国际上先进水平还有较大差距。

---

① 参见《2020 年中国半导体十大企业排名公布,增长数据喜人》,电子发烧友网,2020 年 9 月 11 日。

表 6.3
"2020 年中国半导体封
测十大企业"中上海都市
圈企业名单

资料来源:《2020 年中国半导
体封测十大企业排名》,腾讯
网,2021 年 9 月 16 日。

| 企　　业 | 2020 年销售额（亿元） | 排名 | 所属城市 |
|---|---|---|---|
| 南通华达微电子集团有限公司 | 333 | 1 | 南通 |
| 江苏长电科技股份有限公司 | 244.2 | 2 | 江阴 |
| 天水华天电子集团 | 115 | 3 | 天水 |
| 恩智浦半导体 | 79.5 | 4 | 苏州 |
| 威讯联合半导体（北京）有限公司 | 52 | 5 | 北京 |
| 全讯射频科技（无锡）有限公司 | 51.6 | 6 | 无锡 |
| 安靠封装测试（上海）有限公司 | 43 | 7 | 上海 |
| 矽品科技（苏州）有限公司 | 41.6 | 8 | 苏州 |
| 海太半导体（无锡）有限公司 | 36.6 | 9 | 无锡 |
| 晟碟半导体（上海）有限公司 | 27 | 10 | 上海 |

在集成电路专业设备领域,中微半导体设备（上海）股份有限公司和盛美半导体设备（上海）有限公司进入 2019 年中国半导体设备五强企业,分别排在第二和第四名。

在集成电路材料领域,上海有沪硅产业、上海新昇、上海博康、上海新阳、安集科技、飞凯材料等企业（表 6.4）。在半导体材料领域,苏州集聚了众多氮化镓材料企业,拥有苏州能讯高能、苏州纳维科、英诺赛科（苏州）等代表性企业,在氮化镓衬底材

表 6.4
上海都市圈集成电路材料
主要企业名单

资料来源:课题组整理。

| 材 料 领 域 | 企　　业 |
|---|---|
| 大硅片 | 沪硅产业、上海新昇 |
| 高纯试剂 | 上海新阳 |
| 抛光材料 | 安集科技 |
| 光刻胶 | 上海新阳、飞凯材料 |
| 化合物半导体类 | 苏州能讯高能、苏州纳维科、英诺赛科（苏州） |
| 半导体分立器件企业 | 东微半导体、敏芯微电子、锴威特半导体 |
| 半导体材料设备类 | 瑞红电子、金宏气体 |

料制备技术方面全国领先。

在半导体功率器领域，上海华润微电子控股有限公司、苏州固锝电子股份有限公司和南通江苏捷捷微电子股份有限公司进入2019年中国半导体功率器件前十名。在机电系统（MEMS）领域，苏州在全国处于领先地位。苏州敏芯微电子技术有限公司、苏州明皜传感科技有限公司、苏州纳芯微电子股份有限公司、苏州迈瑞微电子有限公司、苏州感芯微系统技术有限公司进入2019年中国半导体MEMS前十名。[①]

## 6.1.2 生物医药产业链细分龙头企业

生物医药产业链中，研发和原材料生产是生物医药产业的上游，生物药产品生产是产业链中游，产业链下游则为各医疗商业企业，以及通过线上或线下渠道服务终端消费者的企业（表6.5）。

**表6.5**
**生物医药产业链**

资料来源：课题组整理。

| 产业链环节 | 具 体 类 别 |
| --- | --- |
| 上游——<br>研发、原材料生产 | 原物质：蛋白质、酶、核酸、激素 |
| | 原物质：蛋白质、酶、核酸、激素 |
| 中游——<br>生物药生产 | 疫 苗 |
| | 抗 体 |
| | 血制品 |
| | 重组蛋白 |
| 下游——<br>医疗服务 | 线下渠道：医院、诊所、药店等 |
| | 线上渠道：在线药品零售、第三方 App 等 |

目前，上海正加快建立"研发 + 临床 + 制造 + 应用"的生物医药全产业链。截至2020年6月，上海生物医药类企业接近10万家，呈现年均20%的高速增长。其中生物医药重点企业达8 616家，生产研发类企业4 451家。截至2020年8月，上海生

---

① 参见《2020年中国半导体十大企业排名公布，增长数据喜人》，电子发烧友网，2020年9月11日。

物医药在 A 股市场有 22 家上市企业，上市企业总市值达 5 094 亿元，仅次于深圳和北京。[①] 全球药企前 20 强中的 18 家和医疗器械前 20 强中的 17 家已经在上海落户，分别在上海设立中国区的总部、研发中心、办事处或者生产基地。[②]

苏州已经形成了覆盖原料、研发、制造、流通、服务等环节的生物医药产业链条，涉及生物制药、医疗器械、生命健康等多个领域。2020 年，苏州已集聚生物医药企业近 3 000 家，生物医药全年营收超 2 000 亿元。[③] 苏州在生物医药产业链不同环节集聚众多在全国排名前列的龙头创新企业（表 6.6）。

**表 6.6**
**苏州生物医药产业重点企业**

| 所属领域 | 企 业 | 所属园区 |
|---|---|---|
| 化学药 / 生物药 | 信达生物、百济神州、亚盛医药、金唯智、康宁杰瑞 | 苏州生物医药产业园 |
| 化学药 / 现代中药 | 恩赛生物 | 苏虞生物医药产业园 |
| 化学药 / 医疗服务 | 吴忠医药、长征-欣凯、惠氏制药、天吉生物、东瑞制药、君安药、中凯生物、天马医药、方达医药 | 吴忠医药产业基地 |
| 化学药 / 医疗服务 | 昭衍药业、中美冠科、雅本化学、致君万庆 | 太仓市生物医药产业园 |
| 化学药 | 瑞博、苏州泽璟生物制药有限公司、博大同康 | 昆山小核酸及生物医药产业园 |
| 医疗器械 | 鱼跃医疗、恒瑞医疗、中北生控、法兰克曼、凯迪泰、卡瓦齿科 | 江苏医疗器械科技产业园 |

资料来源：《洞察 | 苏州市生物医药产业发展研究》，"火石研究院" 公众号，2019 年 1 月 10 日。

在 2021 年发布的 "2020 中国药品研发综合实力排行榜 TOP100" 中，上海都市圈有 20 家生物医药企业进入前 100 名。其中，上海有 13 家，苏州有 7 家。上海复星医药（集团）股份有限公司和百济神州排名处于前列，分别排在第三名和第六名（表 6.7）。

在疫苗、胰岛素、血液制品环节，上海都市圈有信达生物制

---

① 数据来自《26 特色园区跟踪调研 | 中期成果②上海生物医药产业升级攻略》，澎湃新闻，2020 年 12 月 3 日。

② 数据来自《生物医药产业规模 5 年增至 1.2 万亿！上海下一步如何发力》，第一财经，2021 年 10 月 14 日。

③ 数据来自《决定苏州城市命运的 "1 号产业" 为何是生物医药？这场大会给出答案》，新华报业网，2020 年 4 月 25 日。

表 6.7
"2020 中国药品研发综合实力排行榜 TOP100"中上海都市圈企业名单

资料来源:《2020 中国药品研发综合实力排行榜 TOP100》，药智网，2020 年 9 月 15 日。

| 企　　业 | 所属城市 | 排名 |
|---|---|---|
| 上海复星医药（集团）股份有限公司 | 上海 | 2 |
| 百济神州 | 苏州 | 6 |
| 信达生物制药（苏州）有限公司 | 苏州 | 10 |
| 上海医药集团股份有限公司 | 上海 | 11 |
| 海思科医药集团股份有限公司 | 上海 | 16 |
| 上海君实生物医药科技股份有限公司 | 上海 | 19 |
| 和记黄埔医药（上海）有限公司 | 上海 | 21 |
| 三生国健药业（上海）股份有限公司 | 上海 | 27 |
| 天境生物科技（上海）有限公司 | 上海 | 31 |
| 基石药业 | 苏州 | 36 |
| 上海现代制药股份有限公司 | 上海 | 37 |
| 苏州信诺维医药科技有限公司 | 苏州 | 39 |
| 上海生物制品研究所有限责任公司 | 上海 | 40 |
| 苏州泽璟生物制药有限公司 | 苏州 | 41 |
| 中科院上海药物研究所 | 上海 | 43 |
| 瑞石生物医药有限公司 | 上海 | 57 |
| 宜明昂科生物医药技术（上海）有限公司 | 上海 | 58 |
| 上海拓臻生物科技有限公司 | 上海 | 60 |
| 苏州康宁杰瑞生物科技有限公司 | 苏州 | 71 |
| 苏州开拓药业股份有限公司 | 苏州 | 76 |

药（苏州）有限公司、上海君实生物医药科技股份有限公司、上海莱士血液制品股份有限公司、上海复宏汉霖生物技术有限公司、江苏康宁杰瑞生物制药有限公司进入前 20 名（表 6.8）。

血制品是由健康人血浆或经特异免疫的人血浆，经分离、提纯或由重组 DNA 技术制备的人血浆蛋白组分，以及血液细胞有形成分的统称。血制品处于生物医药产业链的中游，具有不可替代

表 6.8
"2020 年度中国生物医药（含血液制品、疫苗、胰岛素等）TOP20"上海都市圈企业名单

资料来源：《2020 年中国医药工业百强系列榜单出炉》，中国医疗器械行业协会，2021 年 7 月 23 日。

| 公 司 名 称 | 所属城市 | 排名 |
| --- | --- | --- |
| 信达生物制药（苏州）有限公司 | 苏州 | 4 |
| 上海君实生物医药科技股份有限公司 | 上海 | 9 |
| 上海莱士血液制品股份有限公司 | 上海 | 13 |
| 上海复宏汉霖生物技术有限公司 | 上海 | 18 |
| 江苏康宁杰瑞生物制药有限公司 | 苏州 | 20 |

的作用，在生物医药行业发展中起到重要作用。目前，国内血制品上市公司共有 7 家，天坛生物、华兰生物、上海莱士、博雅生物、派林生物、卫光生物。其中，上海莱士在 2020 年的营业收入为 27.62 亿元，排名第三（图 6.2）。

在中国抗干扰素生产企业中，江苏吴中医药集团有限公司、苏州中凯生物制药厂和上海三维生物技术有限公司在全国排名前列。全国共有 11 家抗体上市公司，上海占有 6 家，分别是上海国健生物科技有限公司、上海中信国健药业股份有限公司、上海张江生物技术有限公司、上海复旦张江生物医药股份有限公司、上海美烨生物科技有限公司、上海美恩生物技术有限公司。在该领域上海相关企业具有一定的优势（表 6.9）。

图 6.2
中国血制品行业重点上市公司营业收入（2020 年）

资料来源：课题组根据上市公司年报数据整理。

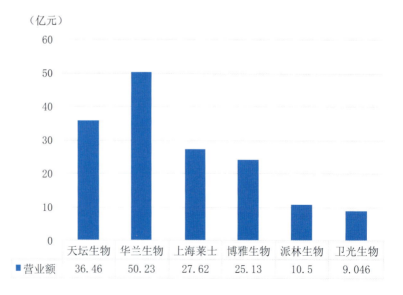

（亿元）

| | 天坛生物 | 华兰生物 | 上海莱士 | 博雅生物 | 派林生物 | 卫光生物 |
| --- | --- | --- | --- | --- | --- | --- |
| 营业额 | 36.46 | 50.23 | 27.62 | 25.13 | 10.5 | 9.046 |

表 6.9
中国单克隆抗体主要企业
名单

资料来源:《中国生物医药行业产业链图谱上中下游剖析》,中商情报网,2020 年 12 月 29 日。

| 企　业 | 所属城市 |
|---|---|
| 上海国健生物科技有限公司 | 上海 |
| 上海中信国健药业股份有限公司 | 上海 |
| 上海张江生物技术有限公司 | 上海 |
| 深圳龙瑞药业有限公司 | 深圳 |
| 上海复旦张江生物医药股份有限公司 | 上海 |
| 上海美烨生物科技有限公司 | 上海 |
| 华北药业集团 | 石家庄 |
| 上海美恩生物技术有限公司 | 上海 |
| 东莞宝丽健生物工程研究开发有限公司 | 东莞 |
| 北京迪威华宇生物技术有限公司 | 北京 |
| 海正药业 | 台州 |
| 武汉生物制品研究所 | 武汉 |

在生物医药的下游环节,上海都市圈有众多三甲医院、多家药品批发零售企业,在全国具有一定的竞争力。上海医药集团股份有限公司、罗氏(上海)医药贸易有限公司、上海康健进出口有限公司、上海海吉雅医药有限公司、上海外高桥医药分销中心有限公司、上海龙威医药有限公司、礼来贸易有限公司、苏州恒祥进出口有限公司等企业进入 2020 年中国药品批发企业主营业务收入前 100 名。

## 6.1.3　人工智能产业链细分龙头企业

人工智能产业生态圈主要包括基础核心圈、技术开发圈、场景应用圈三个圈层。人工智能产业是上海三大先导产业之一。2020 年,上海人工智能重点企业达 1 149 家,人工智能产业产值近 2 000 亿元。上海围绕人工智能核心技术、基础软硬件、智能产品和行业应用协同发展,构建了较为完备的人工智能产业链，在人工智能生态圈的三个圈层都有在全国具有引领性的龙头企业。

在人工智能基础核心圈的硬件领域，上海依托雄厚的芯片产业基础，集聚了众多技术水平处于领先地位的人工智能芯片企业。包括西井、澜起、熠知、富瀚、复旦微电子、新微、安路、晶晨半导体、矽典微电子、肇观、深迪、酷芯等 AI 芯片公司。平头哥、芯原微电子、依图科技、思必驰、燧原科技、天数智芯、西井科技、富瀚微电子、翱捷科技、爱芯元智、安路科技、熠知电子、肇观电子、安霸半导体等 14 家企业进入"2020 中国人工智能芯片企业 TOP50"。[①]

上海在人工智能制造领域处于全国领先地位。上海机器人产业规模占全国的近 1/3，相当于全球的 1/9。国际机器人龙头企业的 ABB、发那科、库卡等持续扩大在沪投资。上海本土机器人领军企业新松、新时达等快速成长，达闼、钛米、高仙、小蚁、快仓等产品类企业持续推出智能机器人、智能终端新产品，进一步拓展市场空间。

在人工智能场景应用领域，上海已经进行三批场景开放，累计开放 58 个应用场景，涉及医疗、教育、交通枢纽、商圈、文化旅游、政务、园区、金融等多个领域。在车联网领域、智慧教育领域、智能安防领域、智能家居领域、智慧金融领域，以及智慧医疗与健康领域形成了一批典型示范应用。上海已经树立了张江人工智能岛、洋山港智能网联集卡、进博会国网电力智能巡检、上海电气"AI+工业互联网"融合应用、肿瘤医院、乒乓球学院智能教练等世界级应用标杆。[②]联影智能、森亿、商米、明略、达观、氪信、虎博、趣头条、极链、义学等应用类企业深耕医疗、金融、商贸、文娱、教育等垂直领域，提升人工智能赋能价值。[③]

---

① 数据来自《2021 中国人工智能芯片企业排行榜 TOP50》，中国商情网，2022 年 1 月 8 日。

② 数据来自《上海市第三批 11 个人工智能应用场景需求正式发布》，澎湃新闻，2020 年 7 月 11 日。

③ 数据来自《人工智能发展"上海高地"落地成型，AI"十四五"规划启动编制》，界面新闻，2020 年 7 月 7 日。

表 6.10
上海人工智能代表性企业

资料来源：《26 特色园区跟踪调研丨中期成果③上海攀登人工智能高地路径》，澎湃新闻，2021 年 1 月 14 日。

| | 领域 | 代表企业 |
|---|---|---|
| 基础核心圈 | 数据 | 冰鉴科技、星环科技、评驾科技、驻云科技、上海大数据中心、上海数据交易中心 |
| | 计算系统技术 | Ucloud、七牛云、科大智能、凌脉网络 |
| 技术开发圈 | 计算机视觉 | 依图科技、阅面科技、亮风台、小蚁科技、径卫视觉、名片全能王、图漾科技、银晨科技、奇手科技、Versa、好买衣 |
| | 语音识别与自然语言处理 | 效声软件、互问科技、竹间智能、达观数据、乐言 |
| | 智能制造 | 达闼、钛米、高仙、小蚁、快仓 |
| | 智能医疗 | 森亿智能、傅利叶、伦琴医疗 |
| | 智慧金融 | 氪信科技、玻森数据、烨睿科技、璞映智能、买单侠、栈略数据、东方财富 |
| | 智慧教育 | 英语流利说、未来伙伴、高顿教育 |
| | 智慧交通 | 思岚科技、蔚来汽车 |
| | 智慧家居 | 微鲸科技 |
| | 智慧零售 | 深兰科技、汇纳科技 |
| | 智能制造 | 纵目科技、扩博智能 |
| | 智能安防 | 悠络客、图麟科技 |
| | 智能商务 | Video++、岂安科技、图聚智能、YOGO 机器人、筝际科技 |

目前，苏州在全国人工智能城市综合排名中位列第八，人工智能产业集聚发展水平在全国处于第一梯队。[①]2021 年 3 月，苏州获批建设国家新一代人工智能创新发展试验区，聚力打造具有国际影响力的人工智能产业集聚区。苏州围绕智能芯片、智能软件、智能硬件三大主攻方向，着力引进和培育创新企业，建设重大平台，加快开放人工智能应用场景，初步形成涵盖人工智能基础层、技术层、应用层的全产业链。

苏州在解决人工智能关键技术领域卡脖子问题上屡有突破，涌现出旭创科技、思必驰、浩辰软件、同元软控等一大批优秀企

---

[①] 数据来自《〈2021—2022 中国人工智能计算力发展评估报告〉发布》，中国经济网，2021 年 10 月 28 日。

业。[①]苏州培育了罗博特科、华兴源创、瀚川智能等上市企业，并引入华为、微软等国内国际一流人工智能领军企业。在基础层方面，苏州拥有以晶方半导体、盛科网络为代表的 AI 芯片研发机构。在算法技术层培育了思必驰、美能华、智慧芽等创新型企业。苏州

**表 6.11**
**苏州人工智能代表性企业**

资料来源：课题组整理。

| 领　域 | | 代　表　企　业 |
|---|---|---|
| 基础核心圈 | 计算硬件（AI 芯片和传感器） | 苏州艾福电子、苏州旭创、晶方半导体、盛科网络、爱特微（张家港）半导体 |
| | 云技术及系统 | 天聚地合、万国数据、科大国创、杉数科技 |
| | 机器学习 | 爱特曼、跃盟信息、超集信息、优频科技 |
| 技术开发圈 | 计算机视觉 | 思必驰、华兴致远、千视通视觉、蛟视智能、苏州光图智能 |
| | 云平台及大数据 | 欧电云、智慧芽 |
| | 智能智造 | 华兴源创、江苏北人、瀚川智能、科沃斯、罗博特科 |
| | 机器人 | 极目机器人、特瑞特机器人、康多机器人 |
| 场景应用圈 | 智能医疗 | 体素信息 |
| | 智慧金融 | 钛镕智能 |
| | 智慧教育 | 企查查、清睿教育、智慧芽、跃盟信息、宾果智能、清睿教育、驰声信息、阔地教育 |
| | 智慧交通 | 智加科技、魔门塔、知行汽车、博世汽车 |
| | 智能安防 | 苏州科达 |
| | 智能医疗 | 优聚思、汇医慧影、瑞步康、图玛深维 |
| | 智慧旅游 | 优行网络、八爪鱼、同程网络、畅途 |
| | 智慧金融 | 沃耀数据、凯美瑞德（苏州）、融希信息、凌志软件 |
| | 智慧城市 | 江苏瀚远、苏州盛景、苏州连赢智能 |
| | 交通出行 | 奇点汽车、智加科技、魔门塔、智华汽车、畅加风行 |
| | 智能语音 | 思必驰、声谷智能、苏州蛙声 |
| | 就业平台 | 好活（昆山） |
| | 农产品平台 | 布瑞克（苏州） |

---

[①] 数据来自《苏州工业园区人工智能产业成绩单：集聚相关企业 830 余家，境内外上市企业 10 家》，《21 世纪经济报道》2021 年 9 月 17 日。

人工智能企业创新成果加速涌现，承担国家级重大项目近 20 项。其中，千机智能牵头中标工业软件协同攻关和体验推广中心项目，汇博机器人中标"2020 工信部制造业高质量发展专项"中的产业链协同创新项目，雄立科技包揽"2020 年国家重大集成电路芯片研制项目"中全部网络芯片研制专项，迅芯承担国家 2020 年重大专项，重点解决高端数据转换芯片产业化中的关键核心技术。[①]

苏州在智能制造、工业互联网、智能教育、智能医疗、智能金融、智能安防、智能驾驶及无人机等多个领域开展人工智能应用，牢牢把握工业互联网和人工智能产业发展先机，走出一条独具特色的创新之路。2019 年度苏州市"独角兽"培育企业名单中，人工智能相关企业有 8 家，其中企查查、清睿教育、智慧芽、跃盟信息、江苏北人等企业的智能终端、产品相继进入商业化阶段，智加科技、魔门塔、知行汽车等企业的核心技术启动测试验证。[②]

## 6.2　上海都市圈产业人才资源和政策配套

广义的产业配套能力涵盖为产业发展提供服务和支撑诸要素的供给，包括专业技术人才和技术研发、政策环境等。对于集成电路、生物医药和人工智能等科学技术含量高、投入周期长的产业，人才和政策的支撑作用尤为重要。上海都市圈中上海和苏州集聚了众多专业人才，并出台多项政策支持集成电路、生物医药和人工智能产业发展，提升了产业配套能力。

### 6.2.1　产业人才资源

在集成电路产业，2020 年，上海集聚了超过 700 家的集成电路重点企业，产值规模超 2 000 亿元，产业规模占全国的

---

① 数据来自《苏州工业园区人工智能产业成绩单：2020 年园区人工智能产值达 462 亿元》，网易，2021 年 4 月 14 日。

② 数据来自《最新！苏州市"独角兽"培育企业名单发布》，中国江苏网，2020 年 6 月 18 日。

1/4，集成电路从业人员约 20 万人，产业人才占全国的 40% 左右。[①]同时，上海高校资源丰富，为集成电路产业人才培育提供支撑。同济大学电子与信息工程学院、上海大学材料学院、复旦大学微电子学院、上海交通大学微电子学院和华东师范大学信息科学技术学院等五家高校开展集成电路的研究和人才培养。2020年，苏州集聚集成电路相关企业 230 余家，集成电路整体销售收入达 625.7 亿元，同比增长 21.3%。从业人员超过 4 万人，其中，研发人员占 30% 以上。专业技术人才的集聚能够为集成电路产业提供人才支撑，有效地促进上海都市圈集成电路产业发展。[②]

在生物医药产业，上海从业人员超过 24 万，院士、长江学者等高端人才和创新药人才占全国的 1/4。[③]苏州生物医药领域相关从业人员近 5 万人，拥有国家级人才计划专家 56 位，省双创人才209 位，姑苏领军人才 283 位，并引进了一批国内顶尖的科研机构，集聚了一批世界一流的创业团队。[④]上海和苏州在生物医药产业的人才优势，形成了上海都市圈生物医药产业快速发展的智力支撑。

在人工智能产业，截至 2020 年，上海人工智能重点企业从业人员达 18.7 万人，并且高端人才集聚，引进图灵奖得主姚期智、微软亚洲研究院院长洪小文、商汤科技创始人汤晓鸥等国际顶级人工智能专家。上海有 16 个和人工智能研究相关的研究所（表 6.12）。11 所高校成立人工智能研究院，9 所高校设置本科人工智能专业，38 所高校开设 104 个人工智能相关学科专业，2019年招生数为 11 490 人、在校生数达 35 492 人，为人工智能发展储备大量后备人才。上海依托上海交通大学、同济大学建立人工智

---

① 数据来自汪叶舟：《龙头牵引　上海集成电路产业迸发集聚优势》，《中国工业报》2020 年 5 月 8 日。

② 数据来自《苏州发布集成电路产业白皮书：2020 年销售收入 625 亿》，澎湃新闻，2021 年 3 月 25 日。

③ 数据来自《2020 年上海生物医药产业规模超过 6 000 亿元，创历史新高》，界面新闻，2021 年 5 月 16 日。

④ 数据来自《苏州为生物医药产业建起集人才、机构、平台、资本等要素齐备的创新创业生态，全力推进生物医药产业"立标"世界级——为"中国药谷"擦亮产业地标》，《苏州日报》2020 年 4 月 24 日。

能平台基地，依托仪电集团、计算技术研究所、上海电科所建设
人工智能专业继续教育基地，培养出大批人工智能领域专业技术
人才。[1]2020 年，苏州人工智能相关产业规模近 900 亿元，近三
年平均增速为 24.8%。苏州人工智能产业的快速发展带来人才的
集聚。近年来苏州工业园区率先布局人工智能产业，集聚人工智
能核心企业超过 200 家，仅苏州工业园区人工智能相关从业人员
就超过 2 万人。[2]

| 分　类 | 单　位 |
| --- | --- |
| 科研院所 | 复旦大学类脑智能科学与技术研究院 |
| | 公安部第三研究所 |
| | 同济大学人工智能研究所 |
| | 上海理工大学上海人工智能研究院 |
| | 上海交通大学人工智能研究院 |
| | 上海产业技术研究院 |
| | 中国电信上海研究院 |
| | 上海脑科学与类脑研究中心 |
| | 上海工业自动化仪表研究院 |
| | 复旦大学脑科学研究院 |
| | 中国科学院上海分院 |
| | 复旦大学类脑芯片与片上智能系统研究院 |
| | 中国科学院上海生命科学研究院 |
| | 中国科学院上海高等研究院智慧城市研究中心 |
| | 中国科学院神经科学研究所 |
| | 华东政法大学人工智能与大数据指数研究院 |
| 实验室 | 上海交通大学智能计算与智能系统重点实验室 |
| | 上海师范大学数理学院人工智能实验室 |
| | 腾讯优图实验室 |

[1] 数据来自《上海人工智能的硬科技与软实力：以应用场景引领产业聚集发展》，澎湃新闻，2021 年 7 月 7 日。
[2] 数据来自《2019 全球智博会苏州开幕 1 000+ 人工智能"黑科技"亮相》，《城市商报》2019 年 5 月 10 日。

## 6.2.2 产业政策配套

政府部门的产业政策对于提高产业配套能力具有重要作用。近几年，上海、苏州、南通和嘉兴分别出台了多项产业配套发展规划及具体实施方案等相关文件（表6.13），促进集成电路、生物医药和人工智能产业的快速发展；通过产业政策指导产业发展，提升产业配套能力，优化产业发展格局；充分发挥出政策对产业配套发展的组织引导作用，提高了上海都市圈集成电路、生物医药和人工智能产业的配套能力。

表 6.13
近年上海、苏州、南通、嘉兴关于集成电路、生物医药、人工智能的产业政策

| 城市 | 政策 | 发布时间 |
|---|---|---|
| 上海 | 上海市战略性新兴产业和先导产业发展"十四五"规划 | 2021 年 |
| | 关于新时期促进上海市集成电路产业和软件产业高质量发展的若干政策 | 2021 年 |
| | 关于推动生物医药产业园区特色化发展的实施方案 | 2020 年 |
| | 关于建设人工智能上海高地 构建一流创新生态行动方案 | 2019 年 |
| | 关于建设人工智能上海高地构建一流创新生态的行动方案（2019—2021 年） | 2019 年 |
| | 关于加快推进人工智能高质量发展的实施办法 | 2018 年 |
| | 关于加快推进上海人工智能高质量发展的实施办法 | 2018 年 |
| | 促进上海市生物医药产业高质量发展行动方案（2018—2020 年） | 2018 年 |
| | 关于本市进一步鼓励软件产业和集成电路产业发展的若干政策 | 2017 年 |
| | 上海市集成电路设计企业工程产品首轮流片专项支持办法 | 2017 年 |
| | 关于本市推动新一代人工智能发展的实施意见 | 2017 年 |
| | 上海市促进生物医药产业健康发展实施意见 | 2017 年 |
| | 关于推进上海美丽健康产业发展的若干意见 | 2017 年 |
| 苏州 | 苏州市促进集成电路产业高质量发展的若干措施 | 2021 年 |
| | 吴中区生物医药产业提升发展三年行动计划（2021—2023 年） | 2021 年 |
| | 苏州市促进新一代人工智能产业发展的若干措施 | 2021 年 |
| | 全力打造苏州市生物医药及健康产业地标实施方案（2020—2030 年） | 2020 年 |
| | 苏州高新区关于促进医疗器械及生物医药产业发展的实施办法 | 2020 年 |
| | 苏州高新区关于加快集成电路产业发展的若干意见 | 2020 年 |

| 城市 | 政　　　策 | 发布时间 |
|---|---|---|
| 苏州 | 苏州市生物医药产业发展规划（2018—2022） | 2019 年 |
| | 关于加快推进苏州市生物医药产业高质量发展的若干措施 | 2019 年 |
| | 关于推进软件和集成电路产业发展的若干政策 | 2017 年 |
| 南通 | 南通市市级产业转型升级专项资金管理办法（2020 年修订版） | 2021 年 |
| | 南通市新一代信息技术产业发展行动计划（2018—2025 年） | 2018 年 |
| | 关于加快培育先进制造业集群的实施意见 | 2018 年 |
| | 南通市"十三五"战略性新兴产业发展规划 | 2016 年 |
| 嘉兴 | 嘉兴市人民政府办公室关于加快生物医药产业高质量发展的若干意见 | 2021 年 |
| | 嘉兴市南湖区集成电路产业发展规划 | 2020 年 |
| | 关于培育"五大"先进制造业产业集群高质量发展的实施意见 | 2020 年 |
| | 嘉兴市人民政府关于实施嘉兴新制造"555"行动的若干意见 | 2020 年 |
| | 关于深入实施创新驱动发展战略加快建设面向未来的创新活力新城的若干意见 | 2019 年 |
| | 嘉兴市新一代人工智能发展行动方案 | 2019 年 |

资料来源：课题组整理制表。

## 6.3　上海都市圈产业空间布局

　　产业集群发展能够带来产业配套能力的增强。产业集群内的不同产业在空间上邻近、在经济上有密切的前后向联系，产业群具有较小的配套半径，进而有利于降低生产和交易成本。合理的产业空间布局，能够促进产业集群发展，也可以提升区域的产业配套能力。上海都市圈在集成电路、生物医药和人工智能产业已经形成了较为合理的空间布局。

### 6.3.1　集成电路产业空间分布

　　从空间分布情况来看，上海的集成电路产业形成了"一核多极"的空间分布格局。"一核"是指以浦东新区为核心，多极是指多个地区分散发展。已经形成了以张江科技园为主，以嘉定区、杨浦区、青浦区、漕河泾开发区、松江经开区、金山区和临港地区为辅的产业格局。其中，芯片制造主要集中于浦东新区、松江区和嘉定区。①

图 6.3
上海集成电路产业空间分布

资料来源：上海市产业地图，https://map.sheitc.sh.gov.cn/main1.html。

表 6.14
苏州集成电路产业空间分布

资料来源：苏州市人民政府：《苏州市集成电路产业发展规划（2018—2020）》，2018 年。

| 区　域 | 重点发展领域 |
| --- | --- |
| 苏州工业园区 | 做大集成电路设计业，做精集成电路制造业，做强集成电路封测业，重点打造 GaN、MEMS 特色产业集聚区 |
| 昆山市 | 突破集成电路制造业，做强集成电路封测业，做大集成电路设备及材料等配套产业，重点打造 GaN 特色产业集聚区 |
| 苏州高新区 | 做大集成电路设计业，重点打造信息安全特色产业集聚区 |
| 张家港市 | 依托现有氮化镓和砷化镓基础，与苏州工业园区和昆山市形成化合物协同发展的态势，形成功率半导体器件的集聚 |
| 吴江区 | 重点发展以华功半导体、英诺赛科为核心的 GaN 产业，主要覆盖 GaN 电力电子、功率器件等 |
| 相城区 | 重点打造以科阳光电为核心的集成电路封测业 |

① 数据来自《产业地图：上海集成电路产业分布形成"一核多极"格局》，中商情报网，2019 年 1 月 12 日。

苏州的集成电路产业以苏州工业园区、昆山市、苏州高新区为产业核心区，以张家港市、吴江区、相城区等地为产业支撑区（表6.14）。苏州深入实施特色产业集聚区战略，形成科学合理的空间布局，引领集成电路产业做大做强、转型创新发展。[①]

## 6.3.2　生物医药产业空间分布

在生物医药产业，上海以张江生物医药创新引领核心区为轴心，以临港新片区精准医疗先行示范区、东方美谷生命健康融合发展区、金海岸现代制药绿色承载区、北上海生物医药高端制造集聚区和南虹桥智慧医疗创新试验区为依托，发挥市级特色园区品牌效应，共同构建"1+5+X"生物医药产业空间布局（表6.15）。[②]

**表 6.15**
**上海生物医药空间分布**

资料来源：上海市经济和信息化委员会：《关于推动生物医药产业园区特色化发展的实施方案》，2020 年。

| 区　域 | 重 点 发 展 领 域 |
| --- | --- |
| 张江生物医药创新引领核心区 | 重点发展创新药物和高端医疗器械的研发转化制造产业链，建设具有全球影响力的生物医药产业创新高地 |
| 临港新片区精准医疗先行示范区 | 重点发展靶向药物、高端数字化医疗器械、健康服务等领域，打造具有国际竞争力的生物医药研发制造基地和服务中心 |
| 东方美谷生命健康融合发展区 | 重点发展疫苗、现代中药等领域，着力打造"东方美谷"生命健康产业集群 |
| 金海岸现代制药绿色承载区 | 重点发展高附加值原料药、新型制剂、细胞治疗等领域，打造全市生物医药生产制造重要承载地 |
| 北上海生物医药高端制造集聚区 | 重点发展高端医药制造、高端医疗器械装备生产、现代医药物流等领域，打造生物医药高端制造与服务融合发展基地 |
| 南虹桥智慧医疗创新试验区 | 重点发展智慧医疗高端产品及国际医疗高端服务等领域，打造生物医药产业与健康医疗、人工智能与医疗器械融合发展的示范基地，建设生物医药产业长三角一体化发展样板 |

---

① 参见苏州市人民政府：《苏州市集成电路产业发展规划（2018—2020）》，2018 年。

② 参见上海市经济和信息化委员会：《关于推动生物医药产业园区特色化发展的实施方案》，2020 年。

目前，苏州已形成"1+N"生物医药格局，即以苏州工业园区的生物医药产业园、苏州高新区的医疗器械科技产业园为核心，配合昆山小核酸科技园、太仓生物医药产业园、吴中生物医药产业园等集聚区。①

**图 6.4
苏州生物医药产业空间
分布**

资料来源：《生物医药：苏州生物医药产业布局与发展特色》，重点行业研究院，2021年1月29日。

骨科材料·
创新药配套原料·　张家港
现代中药·

·新型治疗设备
常熟　·小分子靶向药物
·新型药物制剂

新药研发·
健康服务·　相城区
诊断设备及试剂·
智慧医疗·

·CRO服务
太仓　·CDMO服务
·CMO服务

体外诊断·
生物医用材料和植介入器材·
医学影像设备·　高新区
治疗设备·
康复类医疗器械·

·小核酸药物
·给药新技术
昆山　·医疗器械芯片
·体外诊断

数字医疗·
医疗大数据·　姑苏区
医保平台·

·创新药物
·生物技术及新兴疗法
工业　·医学影像设备
园区　·植介入器械
·手术精准定位

大分子·
临床前安全性评价·　吴中区
AI医疗·

·抗体药物
吴江区　·小分子靶向药物
·心血管介入器材

## 专栏 6.1　苏州生物医药产业布局与发展特色

1.工业园区。苏州工业园区围绕创新药物、生物技术及新兴疗法和医疗器械等产业集群。在医疗器械领域，聚焦高端影像设备、植介入器械、手术精准定位等。依托中国（江苏）自贸试验区建设机遇，积极向上争取创新政策制度先行先试，争取在苏州工业园区建立细胞产业研发、应用、产业化监管和审批试验区。

---

① 参见《布局未来十年　苏州做强生物医药"一号产业"》，中国新闻网，2020年4月25日。

2. 高新区（虎丘区）。苏州高新区作为另一"核"，围绕医疗器械重点领域，加快行业旗舰项目引进，继续补链、强链、扩链。该区已制定实施医疗器械产业十年发展规划和三年行动计划，并于近期启用32万平方米的产业载体；重点发展体外诊断、生物医用材料和直介入器材、医学影像设备、医疗设备、康复类医疗器械等五大领域；加强与工业园区及其他集聚区的协同合作，引导临床试验、规模化生产、示范应用等环节向高新区聚集。

3. 姑苏区。姑苏区作为苏州老城区，依托生命健康产业园，大力发展数字医疗、远程诊疗、新药和医疗器械代理，构建数字医疗、医疗大数据、医保平台等，做大医疗消费市场。

4. 吴江区。充分依托长三角生态绿色一体化示范区先行启动的战略优势，探索布局生物医药领域创新载体。依托吴江开发区、汾湖高新区等板块，在医药制造领域，重点发展以抗体药物、小分子靶向药物和新型制剂为主的化学药等，医疗器械领域聚焦于心血管介入器材。

5. 吴中区。依托吴中生物医药产业园为载体，重点打造大分子（多肽、抗体）、小分子、ADC、细胞治疗、基因治疗、检验检测服等全链条并举的医药加速基地。同时结合吴中智能制造（机器人）特色，培育 AI 医药产业。

6. 相城区。以生物医药为主导，围绕"医药、医械、医疗、医学"四大方向，重点发展新药研发、健康服务、诊断设备及试剂、智慧服务，实现集"产学研用"于一体的特色鲜明的现代生物医疗产业园，主动承接上海优质医疗服务功能溢出，加快与上海张江药谷、临港生命科技园合作洽谈，打造生物医药产业联动共同体。

7. 昆山市。依托昆山小核酸科技园和昆山高科技医疗器械产业园，在医药制造领域，重点发展小核酸药物、给药新技术、医疗器械新片、体外诊断，着力引进 RNA 修饰、RNA 合成等配套环节；加强与苏州工业园区、苏州高新区等其他集聚区的合作互动，鼓励园区载体完善、平台支撑和配套服务，实现企业进一步集聚。

8. 太仓市。依托太仓生物医药产业园、太仓生物港、江南医谷等产业载体，加快实施建设一批骨干载体项目；在医药制造领域，积极开发生物制药、高值耗材等高端产品，培植区域产业特色；以生产性服务业为"磁极"，进一步做强本地领军企业，发展 CRO 服务，重点发展 CDMO/CMO 服务。

9. 常熟市。依托常熟市生物医药特色产业基地（古里）和苏虞生物医药产业园，聚焦新型治疗设备，重点发展小分子靶向药物、新型药物制剂等；积极对接苏州工业园区和苏州高新区产业化项目，引进合同生产、合同研发、生物药、医疗器械等优质项目，将常熟打造为苏州市重要的手术设备及创新化学药产业化基地。

10. 张家港。依托张家港医疗器械高新产业园，围绕骨科材料，重点发展骨科类新材料及植入物，将骨科材料打造为张家港市生物医药产业的特色名片；支持当地企业为高端原料药、制剂、重大仿制药及大品种化学合成创新药提供产业链配套供应，促进发展现代中药。

资料来源：《生物医药：苏州生物医药产业布局与发展特色》，重点行业研究，2021年1月29日，https://www.sohu.com/a/447408458_100020006。

### 6.3.3　人工智能产业空间分布

在人工智能领域，2019年10月，《关于建设人工智能上海高地构建一流创新生态的行动方案（2019—2021年）》出台，明确统筹规划、因势利导，深化构建"东西互动、多点联动"的"人字形"产业布局。行动方案提出了"4+X"的人工智能产业布局规划，即以张江、滨江、马桥、临港四大人工智能产业聚集区为核心，打造领先的人工智能产业集群，同时加快建设市北高新、长阳创谷、虹桥智谷、天地软件园、青浦西虹桥智慧谷等特色园区。[①]

2021年12月出台的《上海市人工智能产业发展"十四五"规划》，提出深化构建"东西互动、多点联动"的产业布局；完善"4+X"总体布局，推进浦东张江、徐汇滨江、闵行马桥、临港新片区等四大优势产业集聚区创新发展，在全市因地制宜建设一批特色品牌载体；聚焦人工智能的赋能和引领，加快推动人工智能

① 参见上海市经济和信息化委员会：《关于建设人工智能上海高地构建一流创新生态的行动方案（2019—2021年）》，2021年9月。

## 专栏 6.2　上海人工智能发展这一年："东西集聚多点联动"格局初步形成

　　人工智能作为新一轮科技革命和产业变革的重要驱动力量，正在深刻改变世界。三年前，在上海黄浦江边，世界人工智能大会首次召开。如今，人工智能已成为上海重点布局的三大产业之一。

　　2020 年 7 月 9 日至 11 日，世界人工智能大会将再次开启。在过去的一年中，上海的人工智能产业持续发展壮大。澎湃新闻从上海市经信委获悉，上海人工智能重点企业已有 1 116 家，2019 年规上企业产值约 1 477 亿元，比 2018 年增长 10.7%。

　　除了产业规模的壮大外，上海人工智能产业空间格局初步形成。其中围绕"东西集聚、多点联动"的布局，加快建设"4+X"融合创新载体。

　　浦东张江"智能产业＋科创"融合发展，人工智能岛已成为具有全国影响的人工智能产业和应用标杆。徐汇西岸国际人工智能中心完成竣工备案，将于 7 月正式点亮，迎来首批人工智能企业办公。马桥人工智能创新试验区加快产业集聚，预计落户项目 50 个，"达闼智能机器人产业基地"等重大项目正式开工。临港新片区规划智能产业集聚和政策突破，签约一批重大项目，智能网联汽车综合测试稳步开展。

　　此外，市北高新、长阳创谷、虹桥智谷等特色园区加快建设，华东无人机基地、洞泾人工智能产业小镇等区域产业正集聚发展。

资料来源：王心馨：《上海人工智能发展这一年："东西集聚多点联动"格局初步形成》，澎湃新闻，2020 年 7 月 2 日，https://www.thepaper.cn/newsDetail_forward_8088085_1。

　　在"五个新城"建设布局，形成特色鲜明的发展格局。[①]

　　苏州工业园区是苏州人工智能主要集聚区。目前，苏州工业园区已集聚人工智能核心企业 660 余家，产业产值连续多年保持 20% 以上增幅，成为江苏省乃至全国人工智能产业重要增长极。2020 年 3 月，苏州市获批建设国家新一代人工智能创新发展试验区，苏州将以苏州工业园区为载体建设核心先导区，大力建设国家新一代人工智能创新发展试验区，树立全国人工智能发展示范

---

① 参见上海市经济和信息化委员会：《上海市人工智能产业发展"十四五"规划》，2021 年 12 月。

标杆。[1]苏州提出到 2025 年建成国内外具有较强影响力的人工智能特色经济发展聚集区，打造具有苏州品牌特色的人工智能产业集群，形成 10 个人工智能产业园，争创 1 个国家级人工智能示范区，设立 5 个 10 亿级人工智能产业发展基金，培育 5 家超亿级、1 家超 10 亿级的人工智能龙头企业，建成人工智能科研、标准、检测、认证"四位一体"的产业公共服务平台。

为加快人工智能产业的发展，加大人工智能技术攻关和深度应用，培育经济发展新动能，2019 年，嘉兴出台《嘉兴市新一代人工智能发展行动方案》。其中，优化人工智能产业布局是方案提到的第三大任务，将以秀洲国家高新技术产业开发区和各省级高新技术产业园区、高新技术特色小镇等为创新载体，以桐乡乌镇科创大道为人工智能的重要平台和区域，以浙江清华长三角研究院主导的柔性电子技术产业为核心，加快人工智能专业园区布局，形成各具特色的发展格局。[2]

## 6.4 基于投入产出表的上海产业配套能力测算

### 6.4.1 测算方法

投入产出分析产生于 20 世纪 30 年代，由美国经济学家沃西里·里昂惕夫提出。投入产出分析的核心部分在于分析生产过程中投入产出关联的变化及其对产业结构的影响，它从总量和结构上系统地反映了国民经济各部门从生产到最终使用这一完整的实物运动过程。测算地区产业配套能力（local industrial matching capacity，LIMC）的基础是本地中间投入。地区投入产出表是唯一的公开数据来源，中国官方公布的投入产出表中的中间投入没有划分省内、省外国内和进口中间投入，因而不能直接用于测算。

① 参见《苏州市获批建设国家新一代人工智能创新发展试验区》，《苏州日报》2021 年 3 月 26 日。
② 参见《嘉兴：聚焦经济社会智能化升级　发展新一代人工智能》，嘉兴人网，2019 年 3 月 11 日。

首先，基于如下假设：（1）如果某行业 $i$ 的产品可以分解为中间产品和最终产品，那么中间产品中进口与国内生产的比例等于最终产品中进口与国内生产的比例；（2）国民经济所有部门使用的部门 $i$ 的中间投入品中，进口投入品的比例在各个部门中相同。[①] 其次，参照胡凯等（2017）将投入产出表中进口和省外调入按比例分配到中间使用和最终使用各个部门中，得到本地中间投入数据，[②] 以此计算本地产业配套能力（表 6.16）。

包含三类中间投入的非竞争性投入产出简化表

| | | 中间使用 1, 2, …, n | 最终使用 | | | | | | 调进 | 进口 | 总产出 |
| --- | --- | --- | --- | --- | --- | --- | --- | --- | --- | --- | --- |
| | | | 最终消费 | 固定资本形成 | 存货增加 | 调出 | 出口 | 合计 | | | |
| 省内中间投入 | 1, 2, …, n | $x_{ij}^p$ | $c_i^p$ | $k_i^p$ | $s_i^p$ | $out_i^p$ | $ex_i^p$ | $f_i^p$ | | | $x_i$ |
| 省外国内中间投入 | 1, 2, …, n | $x_{ij}^d$ | $c_i^d$ | $k_i^d$ | $s_i^d$ | $out_i^d$ | $ex_i^d$ | $f_i^d$ | $in_i$ | | |
| 进口中间投入 | 1, 2, …, n | $x_{ij}^m$ | $c_i^m$ | $k_i^m$ | $s_i^m$ | $out_i^m$ | $ex_i^m$ | $f_i^m$ | | $m_i$ | |
| 增加值 | | $v_j$ | | | | | | | | | |
| 总投入 | | $x_j$ | | | | | | | | | |

结合表 6.16，如果部门为自身提供的本地中间品数量为 $x_{ij}^p$、部门 $j$ 消耗的全部中间品数量为 $x_{ij}$（这里 $i=j$，为与后文测算产业间配套能力的式（6.3）以及部门 $j$ 总投入 $x_j$ 相区分，不妨将 $x_{ij}^p$、$x_{ij}$ 分别改写为 $x_j^p$、$x_j$），则部门 $j$ 的产业内配套能力可表示为：

$$LIMC_j = x_j^p / x_j \qquad (6.1)$$

当行业 $i$ 为部门 $j$ 提供的本地中间品为 $x_{ij}^p$ 时，部门 $j$ 行业 $i$ 的配套能力为：

$$LIMC_{ij} = x_{ij}^p / x_{ij} \qquad (6.2)$$

式（6.1）是式（6.2）中 $i=j$ 时的特殊情形。后文的分析仅

---

[①] 参见北京大学中国经济研究中心课题组：《中国出口贸易中的垂直专门化与中美贸易》，《世界经济》2006 年第 5 期。

[②] 参见胡凯、吴清、朱敏慎：《地区产业配套能力测度及其影响因素》，《产业经济研究》2017 年第 2 期。

针对更具一般性的式（6.2）。需要指出的是，式（6.2）不同于直接消耗系数，后者是以部门 $j$ 的总投入 $x_j$ 除部门 $j$ 行业 $i$ 的中间投入 $x_{ij}$ 得到的，即 $a_{ij} = x_{ij} / x_j$，而这里的分子分母都不尽相同。

部门 $j$ 使用多个行业提供的中间品，因此，部门 $j$ 的产业间配套能力是部门 $j$ 行业 $i$（$i = 1, \cdots, n$）产业配套能力的加权和。根据不同行业提供的中间投入的重要性，以行业 $i$ 为部门 $j$ 提供的中间投入占部门 $j$ 全部中间投入的比重为权重，这样部门 $j$ 的产业间配套能力为：

$$LIMC_j = \sum_{i=1}^{n} \left( \left( x_{ij} / \sum_{i=1}^{n} x_{ij} \right) LIMC_{ij} \right) \quad (6.3)$$

### 6.4.2  产业内配套能力结果分析

由于数据的可得性限制，目前公开投入产出表只有省（直辖市）数据，本部分以上海为例进行产业配套能力的定量分析。同时，为了与其他区域进行比较，基于可比性，选择同为直辖市的北京、天津和重庆进行比较分析。根据式（6.1），采用 2017 年 42 部门地区投入产出表数据，计算得到上海、北京、天津和重庆的产业内配套能力。由于上海的煤炭采选产品、石油和天然气开采产品、金属矿采选产品、非金属矿和其他矿采选产品四个行业中间投入数据为 0，故不进行计算和分析。

从表 6.17 可以看出，（1）上海的产业内配套能力超过 0.2 的行业有：化学产品，通用设备，交通运输设备，通信设备、计算机和其他电子设备，交通运输、仓储和邮政，信息传输、软件和信息技术服务，租赁和商务服务。以上行业也是上海具有发展优势的产业部门，因而产业内配套能力较强。（2）从不同行业相比较来看，上海工业中当前发展比较好的行业，即通信设备、计算机和其他电子设备，交通运输设备，专用设备，化学产品，其产业内配套能力高于以木材加工品和家具、非金属矿物制品等为代表的传统产业的产业内配套能力。生产性服务业的产业内配套能力普遍较强，这也与上海服务业发展水平高的事实相一致。上海生产性服务业中的批发和零售，交通运输、仓储和邮政，信息传输、软件和信息技术服务，金融，租赁和商务服务，其产业内配套能力都大于0.1，强于服务业中其他行业的产业内配套能力。

从区域比较来看，（1）在工业行业中，上海的化学产品、通用设备、专用设备三个行业的产业内配套能力具有一定的优势。化学产品作为很多行业的上游，能够有力地支撑其他行业的发展。由于化学产品行业包含了生物医药产业，上海的化学产品行业的配套能力强也表明上海生物医药行业的产业内配套能力较强。上海的通信设备、计算机和其他电子设备产业内配套能力强于北京，但弱于天津和重庆，这与天津、重庆大力发展相关行业有关，也和上海通信设备、计算机和其他电子设备产业的进口和省外调入额高于天津和重庆有关。（2）上海的生产性服务业中主要行业的产业内配套能力相较于北京、天津和重庆具有一定的优势。其中，上海的信息传输、软件和信息技术服务的产业内配套能力强于北京、天津和重庆。信息传输、软件和信息技术服务产业同人工智能产业发展息息相关，上海的信息传输、软件和信息技术服务的产业内配套能力强，表明上海人工智能产业具有较强的产业配套能力。上海的金融业产业内配套能力强于天津与重庆，但弱于北京。上海金融业发达，所以产业内配套能力强于天津和重庆；而国内金融机构总部多在北京，所以，北京的金融业产业内配套能力强于上海。交通运输、仓储和邮政业是一个区域产业配套能力的重要支撑，上海的交通运输、仓储和邮政行业的产业内配套能力强，能够有效支撑上海产业配套能力的提高。（3）上海的研究和试验发展、教育两个行业的产业内配套能力稍弱于北京，强于天津和重庆，表明上海在人才资源和技术研发力量方面具有一定的优势，能够提升上海的产业配套能力。

**表 6.17**

**上海、北京、天津和重庆
各行业产业内配套能力**

资料来源：课题组根据相关城
市 2017 年投入产出表计算。

| 行　业 | 上　海 | 北　京 | 天　津 | 重　庆 |
|---|---|---|---|---|
| 农林牧渔产品和服务 | 0.065 | 0.041 | 0.072 | 0.185 |
| 食品和烟草 | 0.168 | 0.062 | 0.225 | 0.241 |
| 纺织品 | 0.141 | 0.014 | 0.101 | 0.183 |
| 纺织服装鞋帽皮革羽绒及其制品 | 0.154 | 0.037 | 0.059 | 0.118 |
| 木材加工品和家具 | 0.085 | 0.078 | 0.106 | 0.155 |
| 造纸印刷和文教体育用品 | 0.151 | 0.043 | 0.174 | 0.298 |
| 石油、炼焦产品和核燃料加工品 | 0.015 | 0.027 | 0.142 | 0.001 |
| 化学产品 | 0.300 | 0.097 | 0.413 | 0.115 |
| 非金属矿物制品 | 0.068 | 0.082 | 0.104 | 0.179 |
| 金属冶炼和压延加工品 | 0.155 | 0.041 | 0.383 | 0.140 |
| 金属制品 | 0.092 | 0.013 | 0.147 | 0.030 |
| 通用设备 | 0.230 | 0.091 | 0.198 | 0.102 |
| 专用设备 | 0.127 | 0.075 | 0.130 | 0.089 |
| 交通运输设备 | 0.279 | 0.203 | 0.300 | 0.364 |
| 电气机械和器材 | 0.124 | 0.119 | 0.109 | 0.120 |
| 通信设备、计算机和其他电子设备 | 0.320 | 0.177 | 0.478 | 0.548 |
| 仪器仪表 | 0.061 | 0.087 | 0.095 | 0.229 |
| 其他制造产品和废品废料 | 0.044 | 0.008 | 0.222 | 0.190 |
| 金属制品、机械和设备修理服务 | 0.093 | 0.004 | 0.001 | 0.005 |
| 电力、热力的生产和供应 | 0.184 | 0.549 | 0.412 | 0.314 |
| 燃气生产和供应 | 0.329 | 0.199 | 0.181 | 0.046 |
| 水的生产和供应 | 0.182 | 0.107 | 0.296 | 0.031 |
| 建筑 | 0.002 | 0.042 | 0.032 | 0.026 |
| 批发和零售 | 0.114 | 0.066 | 0.108 | 0.062 |
| 交通运输、仓储和邮政 | 0.331 | 0.242 | 0.203 | 0.266 |
| 住宿和餐饮 | 0.002 | 0.001 | 0.005 | 0.005 |
| 信息传输、软件和信息技术服务 | 0.336 | 0.312 | 0.274 | 0.204 |
| 金融 | 0.175 | 0.414 | 0.149 | 0.133 |
| 房地产 | 0.161 | 0.173 | 0.115 | 0.128 |
| 租赁和商务服务 | 0.207 | 0.354 | 0.108 | 0.102 |
| 研究和试验发展 | 0.005 | 0.006 | 0.004 | 0.000 |
| 综合技术服务 | 0.000 | 0.182 | 0.172 | 0.147 |

| 行　　业 | 上　海 | 北　京 | 天　津 | 重　庆 |
|---|---|---|---|---|
| 水利、环境和公共设施管理 | 0.000 | 0.062 | 0.073 | 0.001 |
| 居民服务、修理和其他服务 | 0.011 | 0.047 | 0.072 | 0.028 |
| 教育 | 0.144 | 0.251 | 0.119 | 0.018 |
| 卫生和社会工作 | 0.005 | 0.009 | 0.002 | 0.003 |
| 文化、体育和娱乐 | 0.009 | 0.125 | 0.079 | 0.001 |
| 公共管理、社会组织 | 0.051 | 0.090 | 0.086 | 0.013 |

## 6.4.3　产业间配套能力结果分析

根据式（6.3），采用2017年42部门地区投入产出表数据计算得到上海、北京、天津和重庆的产业间配套能力（表6.18）。从表6.18的测算结果可知，（1）上海的产业间配套能力结果和产业内配套能力结果基本相一致。产业内配套能力强的行业其产业间配套能力也强，这也表明作为一个地区发展较好的行业，在政府引导和市场机制的共同作用下，其产业内配套能力和产业间配套能力都能够同时得以提升。（2）从具体行业来看，上海的化学产品，通用设备，通信设备、计算机和其他电子设备，交通运输、仓储和邮政，以及金融等行业的产业间配套能力都大于0.1。生产性服务业中交通运输、仓储和邮政，以及金融业的产业间配套能力强于其他服务业行业，表明上海的生产性服务业发展水平较高，其产业间配套能力也较强。（3）从区域比较来看，上海、北京、天津和重庆各行业的产业间配套能力与产业内配套能力结果也相一致。四个城市制造业中的化学产品、通用设备、专用设备，以及通信设备、计算机和其他电子设备几个行业的产业间配套能力较强。生产性服务业中的批发和零售，交通运输、仓储和邮政，信息传输、软件和信息技术服务，以及金融等行业的产业间配套能力都大于0.1。上海、北京、天津和重庆四个城市各行业产业间配套能力相比较结果也与产业内配套能力相比较结果基本一致。

表 6.18
上海、北京、天津和重庆
各行业产业间配套能力

资料来源：课题组根据相关城
市 2017 年投入产出表计算。

| 行　　业 | 上　海 | 北　京 | 天　津 | 重　庆 |
|---|---|---|---|---|
| 农林牧渔产品和服务 | 0.061 | 0.041 | 0.095 | 0.094 |
| 食品和烟草 | 0.092 | 0.040 | 0.118 | 0.136 |
| 纺织品 | 0.100 | 0.024 | 0.070 | 0.117 |
| 纺织服装鞋帽皮革羽绒及其制品 | 0.098 | 0.023 | 0.100 | 0.069 |
| 木材加工品和家具 | 0.067 | 0.040 | 0.058 | 0.101 |
| 造纸印刷和文教体育用品 | 0.078 | 0.027 | 0.085 | 0.158 |
| 石油、炼焦产品和核燃料加工品 | 0.007 | 0.011 | 0.281 | 0.034 |
| 化学产品 | 0.178 | 0.065 | 0.239 | 0.067 |
| 非金属矿物制品 | 0.040 | 0.039 | 0.064 | 0.081 |
| 金属冶炼和压延加工品 | 0.071 | 0.036 | 0.199 | 0.094 |
| 金属制品 | 0.063 | 0.017 | 0.262 | 0.053 |
| 通用设备 | 0.110 | 0.044 | 0.100 | 0.053 |
| 专用设备 | 0.061 | 0.033 | 0.081 | 0.047 |
| 交通运输设备 | 0.141 | 0.096 | 0.155 | 0.158 |
| 电气机械和器材 | 0.057 | 0.070 | 0.098 | 0.065 |
| 通信设备、计算机和其他电子设备 | 0.235 | 0.123 | 0.305 | 0.411 |
| 仪器仪表 | 0.065 | 0.056 | 0.088 | 0.095 |
| 其他制造产品和废品废料 | 0.047 | 0.088 | 0.115 | 0.104 |
| 金属制品、机械和设备修理服务 | 0.071 | 0.084 | 0.056 | 0.131 |
| 电力、热力的生产和供应 | 0.066 | 0.491 | 0.200 | 0.227 |
| 燃气生产和供应 | 0.138 | 0.042 | 0.316 | 0.009 |
| 水的生产和供应 | 0.122 | 0.108 | 0.171 | 0.122 |
| 建筑 | 0.052 | 0.028 | 0.064 | 0.057 |
| 批发和零售 | 0.180 | 0.110 | 0.158 | 0.114 |
| 交通运输、仓储和邮政 | 0.205 | 0.128 | 0.104 | 0.145 |
| 住宿和餐饮 | 0.080 | 0.062 | 0.119 | 0.099 |
| 信息传输、软件和信息技术服务 | 0.211 | 0.157 | 0.139 | 0.122 |
| 金融 | 0.137 | 0.229 | 0.126 | 0.153 |
| 房地产 | 0.152 | 0.127 | 0.121 | 0.163 |
| 租赁和商务服务 | 0.084 | 0.254 | 0.070 | 0.083 |

| 行　　业 | 上　海 | 北　京 | 天　津 | 重　庆 |
|---|---|---|---|---|
| 研究和试验发展 | 0.068 | 0.042 | 0.066 | 0.035 |
| 综合技术服务 | 0.069 | 0.073 | 0.080 | 0.069 |
| 水利、环境和公共设施管理 | 0.126 | 0.049 | 0.058 | 0.087 |
| 居民服务、修理和其他服务 | 0.092 | 0.053 | 0.058 | 0.044 |
| 教育 | 0.072 | 0.103 | 0.054 | 0.063 |
| 卫生和社会工作 | 0.196 | 0.117 | 0.351 | 0.122 |
| 文化、体育和娱乐 | 0.162 | 0.049 | 0.054 | 0.054 |
| 公共管理、社会组织 | 0.272 | 0.069 | 0.067 | 0.085 |

　　根据上述产业内和产业间配套能力测算结果和分析可知，上海具有较强的产业配套能力和优势。（1）上海的交通运输、仓储和邮政，金融，教育，以及综合技术服务的产业配套能力较强，能够为制造业产业配套提供良好的支撑，提升上海的产业配套能力。（2）上海的信息传输、软件和信息技术服务的产业配套能力在上海、北京、天津和重庆四个城市中最强，表明上海的人工智能产业的配套能力较强。同时，信息传输、软件和信息技术服务生产业与先进制造业广泛融合发展，能够很好地支撑先进制造业的发展，为先进制造业发展提供配套。（3）上海在化学产品，通用设备，专用设备，以及通信设备、计算机和其他电子设备上的产业配套能力较强，表明上海的生物医药、汽车产业和集成电路产业的配套能力较强。（4）上海的对外开放程度高，从国外进口和省外调入产品比例较高，在一定程度上降低了上海本地产业内和产业间的配套能力。随着上海都市圈同城化发展进程的推进，上海与周边地区城市的联系程度日益紧密，都市圈内城市分工与协作日益细化，更多的产品能够在上海都市圈各城市间进行配套，进而会提升上海都市圈的整体产业配套能力。

# 7

上海都市圈现代产业
体系的建立与完善

产业体系是人类经济活动的载体，有着明显的时代特征。从传统产业体系向现代产业体系转变是一个不断演化的过程。当前，中国的现代产业体系正在构建与形成之中。在现阶段，现代产业体系的核心是高技术制造业和战略性新兴产业。上海都市圈高技术制造业发展态势良好，战略性新兴产业发展速度加快，它们的增加值在国内生产总值中的占比持续提高，促进了上海都市圈现代产业体系的建立与完善。上海都市圈产业创新能力进一步提高，各城市形成了特色优势产业集群，特色园区加快形成带动产业发展，空间布局进一步优化。未来，上海都市圈将进一步统筹产业发展，促进各城市协同创新，加快产业集群发展，推进产业融合发展和强化优势产业的全球资源配置能力，加快未来产业布局，形成上海都市圈具有核心竞争力的现代产业体系。

The industrial system is the carrier of human economic activities and has obvious characteristics of the times. The transformation from a traditional industrial system to a modern industrial system is a process of continuous evolution. At present, China's modern industrial system is in the process of construction and formation. At this stage, the core of the modern industrial system is the high-tech manufacturing industry and strategic emerging industries. The high-tech manufacturing industry in Shanghai Metropolitan area is developing well, and the strategic emerging industries are developing at a faster pace. Their added value continues to increase as a percentage of GDP, which has contributed to the establishment and improvement of the modern industrial system in Shanghai Metropolitan area. The industrial innovation capacity has been further improved. Each city has formed characteristic and advantageous industrial clusters. The formation of characteristic parks has been accelerated to drive industrial development. The spatial layout has been further optimized. In the future, Shanghai Metropolitan area will further co-ordinate industrial development, promote collaborative innovation among cities, accelerate the development of industrial clusters, promote industrial integration and strengthen the global resource allocation capacity of advantageous industries, accelerate the future industrial layout and form a modern industrial system with core competitiveness.

## 7.1　中国产业体系的阶段变化与产业构成

### 7.1.1　传统产业体系向现代产业体系的演变机制

传统产业体系是与传统经济活动相适应的产业体系，发端于农业经济社会向工业经济社会转变的初期。在这一阶段，技术进步比较缓慢，市场产品品种几乎保持不变。市场竞争以数量竞争为主，产品规模得以扩大，产品结构和市场结构保持稳定。当某一技术出现并为市场所采用后，形成新的技术结构和产品结构，最终形成稳定的企业之间和产业关联关系，并在较长时间保持稳定不变。因此，传统产业体系有着相对稳定的特性。

随着经济社会的发展和技术进步，稳定的市场需求和产品供给关系逐渐被打破，传统产业体系发生蜕变。其一，人们的生活水平提高，出现消费升级和对商品需求不断多样化的趋势特征。企业为了满足市场需求，加快产品迭代，产品生命周期缩短。稳定的市场需求关系这一传统产业体系存在的前提被打破。其二，为了满足市场需求的变化和获得新的利润，企业加大研发投入，获取新的技术和运用新的生产手段，开发新产品激发新的市场需求。企业通过创新竞争带来技术的不断进步，导致传统产业体系不断演变。其三，为了适应市场需求和促进经济持续稳定增长，政府部门通过公共创新基础设施和科技投入补贴促进社会创新发展，引导技术创新和产业结构调整。在市场机制和政府推动的共同作用下，技术进步加快，产业体系中分工更加细化，对传统产业改造升级，引起新兴制造业产业和现代服务业的出现。传统产业体系逐渐向现代产业体系演变，直至现代产业体系全部构成。

传统产业体系在向现代产业体系演变的过程中呈现不同的产业特征。在工业化初期，工业得以快速发展，以传统工业和商贸服务业为代表的第二和第三产业快速发展，以农业为代表的第一产业占比降低。到了工业化中期，由于信息技术革命，以电子技术和计算机技术为代表的高技术产业快速发展。同时，现代服务业开始出现并加快发展。传统产业体系开始加速向现代产业体系转变。到了工业化中后期，互联网技术、大数据等新一代信息技术、生物技术、新材料技术、新能源技术等新技术快速发展，催生新兴产业不断涌现，并加快现代服务业的快速发展，产业更加融合发展。此时，现代产业体系得以初步形成。

传统产业体系的蜕变并非是传统产业的整体退出，而是包括传统产业在内所有产业以新的竞争手段维持着自己的生存，传统产业不断转型升级。市场需求的变化和技术进步，为新兴产业的进入创造了条件。所以，传统产业体系向现代产业体系的演变是一个新兴产业进入与传统产业改造并存的过程，也是社会生产体系重新构造的过程。

## 7.1.2　现代产业体系的内涵与主要特征

2007 年，党的十七大报告正式提出"现代产业体系"及其相关概念："发展现代产业体系，大力推进信息化与工业化融合，促进工业由大变强，振兴装备制造业，淘汰落后生产能力"。国家在"十二五"规划中，进一步提出了"发展结构优化、技术先进、清洁安全、附加值高、吸纳就业能力强的现代产业体系"的要求。在党的十八大报告中则具体明确了"着力构建现代产业发展新体系，加快形成新的经济发展方式"的目标。国家"十三五"规划提出"围绕结构深度调整、振兴实体经济，推进供给侧结构性改革，培育壮大新兴产业，改造提升传统产业，加快构建创新能力强、品质服务优、协作紧密、环境友好的现代产业新体系"。随着时代背景的变化，中国对于构建现代产业体系的认识和主要矛盾的把握在不断变化和深化。党的十九大报告把建设现代产业体系作为一个重要任务提了出来，并用新的表述赋予其新的内涵，提出把实体经济作为产业体系的重中之重 ①，明确了现代产业体系的构建重点在实体经济。

2008 年，《中共广东省委、广东省人民政府关于加快建设现代产业体系的决定》指出，现代产业体系具有创新性、开放性、融合性、集聚性和可持续性特征。专家学者也持相似的观点。现代产业体系是具有现代生产要素，由现代产业组成的一个具有协调性、科学性、流动性、创新性、系统性的动态的概念。② 产业体系呈现产业发展网络化、集群化和融合化的发展趋势。③ 现代产业体系的产生源于重大技术创新，发展源于重大制度创新，它是建立在技术创新和制度创新基础之上的产业创新，具有"动态性、相对性和进步性"的一般性特征。④ 综上，我们认为，创新性、融合性、集聚性和开放性是现代产业体系的主要特征。

### 1. 创新性

创新是引领发展的第一动力。创新对现代产业体系形成起着主导和决定性作用。首先，科技创新通过技术渗透和技术扩散，与实体经济深度融合发展，促使产业创新、产业组织模式的创新，促进传统产业向智能化和数字化发展，提高产业效率，推动产业迈向中高端。其次，新一代信息技术、生物技术、先进材料技术、新能源技术等新技术在经济社会中的广泛应用，带来生物医药、新材料等战略性新兴产业的发展，并催生平台经济、共享经济、自动驾驶等众多新模式和新业态不断涌现，推动产业不断演化升级。再次，由于科技创新的作用，一些具有共性或互补性而相互联系的企业依托相关的功能服务平台支撑，在空间上聚集，形成强劲、有持续竞争优势的产业集群。产业集群作为产业变革的有效组织形态，在集聚生产要素、优化资源配置、加快制度创新、

① 参见盛朝迅：《构建现代产业体系的瓶颈制约与破除策略》，《改革》2019 年第 3 期。
② 参见王海燕、刘家顺：《科技创新与现代产业体系相关关系》，《河北理工大学学报（社会科学版）》2011 年第 3 期。
③ 参见刘钊：《现代产业体系的内涵与特征》，《山东社会科学》2011 年第 5 期。
④ 参见刘文勇：《现代产业体系的特征考察与构建分析》，《求是学刊》2014 年第 2 期。

营造产业生态环境等方面发挥着越来越重要的作用。[①]

### 2. 融合性

融合性是现代产业体系的结构特征，也是现代产业发展的基本趋势。产业融合发展首先表现为工业、农业和服务业在内的所有产业的渗透和嵌入。其次，制造业企业功能呈现服务化趋势，进而催生金融服务、信息技术服务、研发设计、商务服务和检测检验等战略性服务业的发展，生产性服务业能够为先进制造业的产业链核心环节提供更加专业化和高端化的服务，从而使产业间表现出日益融合发展的趋势。再次，随着新一代信息技术的发展，很多新兴产业都是多学科、跨产业融合发展的结果。新兴产业的复杂性决定了高技术制造业、战略性新兴产业融合发展的特性。最后，以5G、大数据、人工智能和区块链为代表的新兴技术加速向各领域广泛渗透，现代产业与传统产业的融合度进一步提高，赋能产业高质量发展。

### 3. 集群性

集群性是现代产业体系的空间特征。区域分工和产业园区的出现为产业集群发展奠定了基础。新一代信息技术促进电子信息产业等高技术产业的出现。这些产业在一定的地域内聚集，形成上、中、下游机构完整，外围支持产业体系健全，充满创新活力的有机体系。高技术产业发展引致生产性服务业快速发展，最终演变形成现代服务业与先进制造业集群发展的产业格局。美国经济学家迈克尔·波特认为，产业在地理上的集聚，能够对产业的竞争优势产生广泛而积极的影响，促进现代产业的发展。产业集群内企业基于产业链的联系、运输成本的节约、公共设施成本的分摊、信息沟通的便捷，以及技术的扩散效应和学习效应，提升产业竞争力，促进现代产业发展，构建现代产业体系。

### 4. 开放性

开放性是现代产业体系的效能特征。随着全球化领域的拓展，

---

[①] 参见王海燕、刘家顺：《科技创新与现代产业体系相关关系》，《河北理工大学学报（社会科学版）》2011年第3期。

全球产业联系日益紧密，各国加强产业分工和合作，形成了相互依赖的有机整体。所有产品都是在社会分工或国际分工体系中制造的，一个区域或国家的产业体系与全球的产业关联度增强，凸显了现代产业体系的开放性。在现代产业分工体系中，各产业链在全球范围分布，融入全球化产业链可以获得巨大的国际分工利益。现代产业的国际竞争，主要不是体现在本国产业体系是否完整上，而是本国产业在全球产业中的系统性竞争优势。具有全球化系统性竞争优势的国家，其产业竞争力不仅取决于本国企业，而且得益于各国企业的合作。现代产业竞争本质上是系统的竞争。因此，成长于全球化、壮大于全球化、协同于全球化、兴旺于全球化，是现代产业体系建设和发展的正确路径。

### 7.1.3　中国现代产业体系形成阶段与主要产业构成

新中国统计工作建立后，最初的国民经济行业分类是在收集整理统计数据过程中所使用的统计分类目录。1959 年 10 月，为加强劳动计划和劳动统计工作，国家计委、劳动部、国家统计局联合制发了《关于劳动计划、统计中的范围、指标、分类和计算方法的暂行规定》( 草案 )，草案中规定了按国民经济部门分类的目录共分 9 个部门。部门分类法一直沿用到 70 年代末期，基本上未作调整，形成了一个比较稳定的行业分类目录。1984 年 12 月，国家统计局发布《国民经济行业分类和代码》( GB/4754-84 )，这是我国关于国民经济分类的第一部国家标准，其制定和实施首次规范和统一了中国国民经济行业的类别和代表。[1] 此阶段，中国产业体系处于传统产业体系形成与完善阶段。产业体系主要是以农业、传统工业和商贸服务业为主的三次产业。《国民经济行业分类和代码》于 1984 年首次发布后，于 1994 年、2002 年、2011 年和 2017 年进行了四次修订。《国民经济行业分类和代码》为计划、统

---

① 参见方宽：《我国国民经济行业分类标准的沿革及与国际标准的比较》，《统计研究》2002 年第 7 期。

计、财务会计和工商管理等部门处理行业分类资料、进行分析研究，以及准确反映国民经济行业结构和发展状况起到了基础性作用，也是后续《高技术产业（制造业）分类》《战略性新兴产业分类》等产业分类标准制定的基础。

随着科学技术在国民经济中的作用日益重要，为了应对知识经济的挑战，1991 年，国家出台《国家高新技术产业开发区高新技术企业认定条件和办法》，提出建设高新技术产业开发区以发展高新技术产业。1992 年，国家科学技术委员会发布《国家中长期科学技术发展纲领》，指出高新技术和高新技术产业包括微电子技术和计算机技术、生物技术、新材料技术、航空航天技术。由于产业分类规划的引领，中国相关高技术产业得以快速发展，产业体系开始由传统产业体系向现代产业体系转变。2002 年，国家统计局印发《高技术产业统计分类目录的通知》，指出中国高技术产业的统计范围包括航天航空器制造业、电子及通信设备制造业、电子计算机及办公设备制造业、医药制造业和医疗设备及仪器仪表制造业等行业。高技术产业是国际经济和科技竞争的重要阵地。发展高技术及基础业对推动产业结构升级、提高劳动生产率和经济效益具有不可替代的作用。高技术产业快速发展推动产业体系由传统产业体系向现代产业体系转化。随着技术进步和产业演变，国家统计局先后于 2013 年和 2017 年印发《高技术产业（制造业）分类（2013）》《高技术产业（制造业）分类（2017）》，根据产业的发展现状对高技术产业分类进行调整，引导高技术产业发展。

进入 21 世纪以来，一些重要科技领域发生革命性突破的先兆已经初显端倪。为把握世界新科技革命和产业革命的历史机遇，国家提出把加快培育和发展战略性新兴产业放在推进产业结构升级和经济发展方式转变的突出位置。2010 年 9 月，国务院审议通过《国务院关于加快培育和发展战略性新兴产业的决定》，提出加快培育和发展以重大技术突破、重大发展需求为基础的战略性新兴产业。为推动"十二五"国家战略性新兴产业发展规划顺利实施，2012年，国家统计局发布《战略性新兴产业分类（2012）》，战略性新兴产业分类共包括节能环保产业、新一代信息技术产业、生物产业、高端装备制造产业、新能源产业、新材料产业、新能源汽车产业等七大产业。明确战略性新兴产业的行业范围，为引导战略性新兴产业发展起到重要作用。战略性新兴产业的快速发展，推动了传统产业体系向现代产业体系加速转型。同时，战略性新兴产业构成也随着技术进步不断演变。2016 年，国务院印发《"十三五"国家战略性新兴产业发展规划》，数字创意产业被纳入其中，成为与新一代信息技术、生物、高端制造、绿色低碳产业并列的五大新支柱。2017 年 1 月，作为贯彻落实《"十三五"国家战略性新兴产业发展规划》的重要配套文件，《战略性新兴产业重点产品和服务指导目录（2016 版）》正式发布，文化产业的诸多产品和服务被纳入目录，得以享受相关优惠政策。这是继 2016 年 12 月数字创意产业首次被纳入国家战略性新兴产业发展规划之后，国家对文化产业发展的又一重要政策支持。2018 年，国家统计局发布《战略性新兴产业分类（2018）》，又加入了相关新兴服务业（领域）。由于数字经济在经济社会发展中的重要性日益提升，国家统计局于 2021 年发布《数字经济及其核心产业统计分类（2021）》。

随着战略性新兴产业分类的确定和更新，产业分类发挥了引导作用，促进了战略性新兴产业的快速发展。战略性新兴产业发展成为国民经济的支柱产业，并催生相关新兴服务业快速发展。同时，高技术制造业保持平稳较快发展，推进产业不断转型升级。高技术制造业、战略性新兴制造业和战略性新兴服务业不断融合发展，推动中国现代产业体系加快形成。当前，中国现代产业体系的核心是战略性新兴产业，高技术制造业是现代产业体系的重要组成部分。

## 7.2　上海都市圈现代产业体系的现状

### 7.2.1　结构优化升级，现代产业不断壮大

近年来，上海都市圈各城市根据各自产业发展特色，积极调

结构和转变发展方式，科技研发投入力度不断加强，产业创新驱动能力持续提高。高技术制造业和战略性新兴产业保持稳步快速增长。上海都市圈现代产业不断发展壮大，推进产业结构持续优化，产业发展质量不断提高。

### 1. 高技术制造业发展态势

2016—2020 年，上海的高技术制造业保持平稳发展。高技术制造业产值由 2016 年的 6 618.26 亿元，增加到 2020 年的 7 721.88 亿元。2016—2020 年，上海高技术制造业产值占上海工业总产值的比重保持在 20% 以上，分别为 21.26%、21.19%、20.90%、20.50% 和 21.9%（图 7.1），表明上海的高技术制造业保持良好发展态势，对提升上海工业发展质量发挥了重要作用。

**图 7.1**
**上海高技术制造业增加值与占比（2016—2020 年）**

资料来源：课题组根据 2016—2020 年《上海统计年鉴》资料计算。

从具体产业来看，上海高技术制造业的不同产业发展呈现明显的分化趋势。医疗仪器设备及仪器仪表制造业保持平稳增长，产值由 2016 年的 469.76 亿元，增加到 2020 年的 653.47 亿元。计算机及办公设备制造业保持平稳发展态势，2016 年的产值为 1 806.95 亿元，2020 年为 1 862.5 亿元。电子及通信设备制造业保持快速平稳增长，产值由 2016 年的 3 425.73 亿元，增加到 2020 年的 3 889.42 亿元，呈现较大幅度增长。航空航天器及设备制造业产值由 2016 年的 204.27 亿元增加到 2020 年的 281.21 亿元。

医药制造业也保持快速发展态势，其产值由 2016 年的 686 亿元增加到 2020 年的 1 028 亿元。信息化学品制造业产值出现大幅度下降，产值由 2016 年的 25.55 亿元下降为 2020 年的 7.28 亿元（图 7.2），信息化学品制造业在上海高技术制造业中占比较低。

（亿元）

| | 2016 | 2017 | 2018 | 2019 | 2020 |
|---|---|---|---|---|---|
| ■ 医疗仪器设备及仪器仪表制造业 | 469.76 | 540.80 | 560.39 | 586.49 | 653.47 |
| ■ 计算机及办公设备制造业 | 1 806.95 | 1 974.53 | 1 828.13 | 1 597.99 | 1 862.50 |
| ■ 电子及通信设备制造业 | 3 425.73 | 3 706.48 | 3 786.06 | 3 728.22 | 3 889.42 |
| ■ 航空航天器及设备制造业 | 204.27 | 230.02 | 255.00 | 291.29 | 281.21 |
| ■ 医药制造业 | 686.00 | 769.88 | 844.37 | 952.01 | 1 028.00 |
| ■ 信息化学品制造业 | 25.55 | 10.91 | 15.16 | 6.07 | 7.28 |

**图 7.2**
**上海高技术制造业分产业产值（2016—2020 年）**

资料来源：课题组根据 2016—2020 年《上海统计年鉴》资料计算。

从苏州高新技术产业（制造业）[①] 产值来看，苏州高新技术产业产值呈现逐年增加的趋势，由 2016 年的 1 4381.65 亿元增加到 2020 年的 1 7735.76 亿元，保持平稳快速增长。从产值占比来看，苏州高新技术产业产值占苏州工业总产值的比重也呈现上升的趋势，由 2016 年的 46.82% 提高到 2020 年的 50.93%（图 7.3），表明苏州高新技术产业良好的发展态势。2020 年，航空航天制造业、电子计算机及办公设备制造业、电子及通信设备制造业、医药制

---

① 苏州统计局网站未公布高技术制造业产值数据，仅公布高新技术产业（制造业）的工业产值数据，相关产业包括：航空航天制造业、电子计算机及办公设备制造业、电子及通信设备制造业、医药制造业、仪器仪表制造业、智能装备制造业、新材料制造业、新能源制造业。

造业、仪器仪表制造业、智能装备制造业、新材料制造业、新能源制造业等八个产业的工业产值分别为28.57亿元、1 370.97亿元、6 499.79亿元、778.75亿元、550.49亿元、4 434.28亿元、3 413.41亿元、659.5亿元。其中，电子计算机及办公设备制造业、电子及通信设备制造业、智能装备制造业和新材料制造业四个产业占比较高。

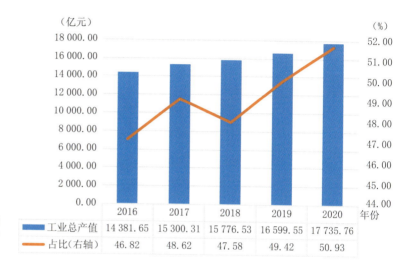

图7.3
苏州高新技术产业（制造业）工业产值与占比（2016—2020年）

资料来源：课题组根据2016—2020年《苏州市统计年鉴》资料计算。

| 年份 | 2016 | 2017 | 2018 | 2019 | 2020 |
|---|---|---|---|---|---|
| 工业总产值 | 14 381.65 | 15 300.31 | 15 776.53 | 16 599.55 | 17 735.76 |
| 占比（右轴） | 46.82 | 48.62 | 47.58 | 49.42 | 50.93 |

南通近年来高技术制造业不断提质增效。2018年，南通规模以上高技术制造业企业法人单位全年专利申请数为2 565件，其中发明专利申请数为933件，分别比2013年增长54.2%和22.3%；发明专利申请所占比重为36.4%，比规模以上制造业平均水平高5.5个百分点。2019年，南通高技术制造业投资占工业投资的比重为29.3%。[①]2021年1—8月，南通全市规模以上工业中，高技术制造业产值同比增长40.4%，较全市平均水平高10.7个百分点；高技术制造业产值占全部规上工业的比重达14.9%，比上半年、第一季度分别提升0.3、0.5个百分点。

2018—2020年，嘉兴高技术制造业保持快速增长的态势，其增加值分别为168.83亿元、235.91亿元和318.21亿元，增速分别

---

① 数据来自南通市统计局：《2019年南通高技术制造业投资占工业投资比重逐月提升》，2020年2月19日。

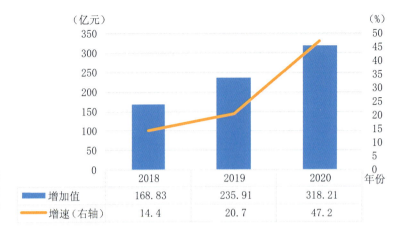

图 7.4
嘉兴高技术制造业增加值和增速（2018—2020 年）

资料来源：课题组根据 2018—2020 年《嘉兴市国民经济和社会发展统计公报》计算。

| | 2018 | 2019 | 2020 |
|---|---|---|---|
| ■ 增加值 | 168.83 | 235.91 | 318.21 |
| ── 增速（右轴） | 14.4 | 20.7 | 47.2 |

为 14.4%、20.7% 和 47.2%（图 7.4），高于同期嘉兴工业总产值增速。嘉兴高技术制造业快速发展有效地推动嘉兴工业经济实现质的稳步提升和量的合理增长。

## 2. 战略性新兴产业发展态势

战略性新兴产业是上海都市圈产业发展的主攻方向。近几年，上海、苏州、南通和嘉兴的战略性新兴产业都较快发展。其中，上海战略性新兴产业增加值从 2015 年的 3 746.02 亿元增加至 2020 年的 7 327.58 亿元，保持快速增长态势，2015—2020 年增速分别为 4.5%、5%、8.7%、8.25、8.5% 和 9.2%（图 7.5），高于

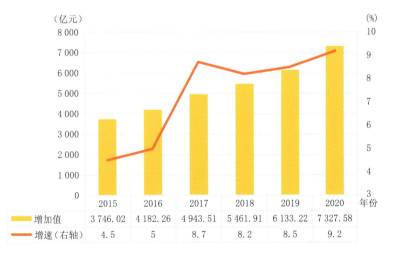

图 7.5
上海战略性新兴产业增加值与增速（2016—2020 年）

资料来源：课题组根据 2015—2020 年《上海市国民经济和社会发展统计公报》计算。

| | 2015 | 2016 | 2017 | 2018 | 2019 | 2020 |
|---|---|---|---|---|---|---|
| ■ 增加值 | 3 746.02 | 4 182.26 | 4 943.51 | 5 461.91 | 6 133.22 | 7 327.58 |
| ── 增速（右轴） | 4.5 | 5 | 8.7 | 8.2 | 8.5 | 9.2 |

同期 GDP 增速，支撑了上海经济高质量发展。上海战略性新兴产业占全市生产总值比重从 15% 提高到 18.9%。

分类来看，上海战略性新兴制造业增加值由 2015 年的 1 673.49 亿元增长至 2020 年的 2 959.79 亿元，年均增速为 12.1%，比同期上海工业增加值年均增速高 5.8 个百分点；上海战略性新兴服务业增加值由 2015 年的 2 072.53 亿元增长至 2020 年的 4 367.79 亿元（表 7.1），年均增速为 16.1%，比同期上海全市服务业增加值年均增速高 5.2 个百分点。

**表 7.1**
**上海战略性新兴产业增加值（2015—2020 年）**

资料来源：课题组 2015—2020 年《上海市国民经济和社会发展统计公报》计算。

| 年份 | 战略性新兴产业增加值（亿元） | 增速（%） | 制造业增加值（亿元） | 增速（%） | 服务业增加值（亿元） | 增速（%） |
|------|------|------|------|------|------|------|
| 2015 | 3 746.02 | 4.5 | 1 673.49 | −0.1 | 2 072.53 | 8.7 |
| 2016 | 4 182.26 | 5 | 1 807.75 | 2.7 | 2 374.51 | 6.9 |
| 2017 | 4 943.51 | 8.7 | 2 262.64 | 8.1 | 2 680.87 | 9.2 |
| 2018 | 5 461.91 | 8.2 | 2 377.6 | 4.2 | 3 084.31 | 11.3 |
| 2019 | 6 133.22 | 8.5 | 2 710.13 | 3.3 | 3 422.79 | 13.3 |
| 2020 | 7 327.58 | 9.2 | 2 959.79 | 9.6 | 4 367.79 | 8.9 |

2011 年以来，苏州战略性新兴产业产值呈现逐年上升的趋势。在"十二五"期间，苏州战略性新兴产业产值年均增长 5.7%，高于规模以上工业年均增速 3.5 个百分点。2016 年，苏州战略性新兴产业和高新技术产业产值占规模以上工业产值比重分别达 49.8% 和 46.9%，分别比 2011 年提高 11.7 和 9.6 个百分点。[1]2020 年，苏州战略性新兴产业总产值达到 19 396.9 亿元，比 2015 年的 14 870 亿元增加了 4 526.9 亿元，占规模以上工业总产值比重为 55.7%，比 2015 年的 48.7% 提高了 7 个百分点（图 7.6）。苏州大力发展高新技术产业、战略性新兴产业，相关产业占比不断上升并保持平稳快速增长，这也是苏州工业产业保持

---

[1] 数据来自江苏省发展和改革委员会：《苏州服务业增加值占比首次超过 50%》，2017 年 2 月 13 日。

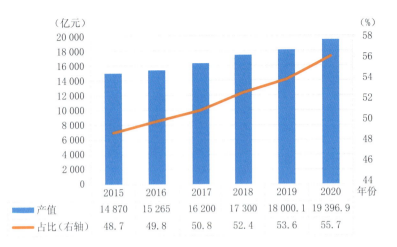

| 年份 | 2015 | 2016 | 2017 | 2018 | 2019 | 2020 |
|---|---|---|---|---|---|---|
| 产值 | 14 870 | 15 265 | 16 200 | 17 300 | 18 000.1 | 19 396.9 |
| 占比（右轴） | 48.7 | 49.8 | 50.8 | 52.4 | 53.6 | 55.7 |

稳定增长的主要原因。

　　"十三五"期间，嘉兴战略性新兴产业增加值从 2016 年的 573.81 亿元增加到 2020 年的 934.83 亿元，保持平稳快速增长，其间各年增速分别为 5.3%、8.5%、7.9%、8.7% 和 14.2%（图 7.7），都高于同期 GDP 增速。特别是 2020 年战略性新兴产业增加值增速达到 14.2%，远高于当年嘉兴 3.5% 的 GDP 增速。战略性新兴产业已成为嘉兴经济增长的新引擎。

　　嘉兴的战略性新兴产业规模效益持续增长，对经济发展带动作用不断提升。2018 年，嘉兴战略性新兴产业共有规模以上企

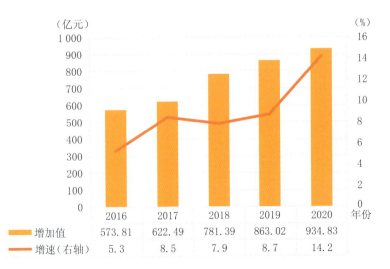

| 年份 | 2016 | 2017 | 2018 | 2019 | 2020 |
|---|---|---|---|---|---|
| 增加值 | 573.81 | 622.49 | 781.39 | 863.02 | 934.83 |
| 增速（右轴） | 5.3 | 8.5 | 7.9 | 8.7 | 14.2 |

业 774 家，占全市 4 622 家规上企业的 16.75%；完成工业增加值 505.7 亿元，增长 13.4%，占规上工业增加值的 40%；战略性新兴产业完成工业总产值 3 020.9 亿元，同比增长 15.7%，占全部规上工业产值的 42.2%。①2017—2020 年，嘉兴战略性新兴产业增加值占第二产业增加值比重逐年上升，由 2017 年的 26.96% 提高到 2020 年的 32.67%（图 7.8）。战略性新兴产业规模效益实现持续增长，发展带动作用不断提升。

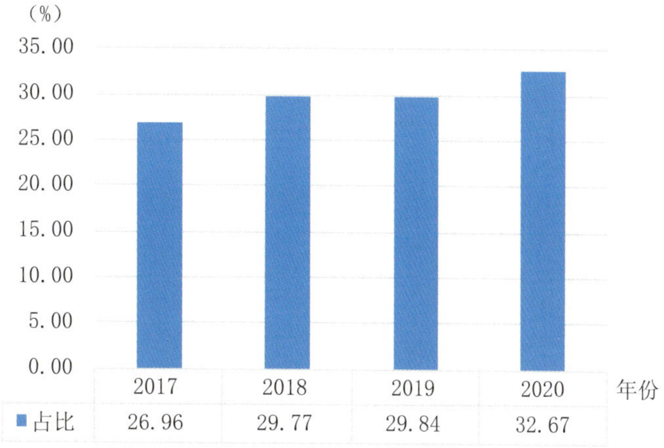

图 7.8
嘉兴战略性新兴产业增加值占第二产业增加值比重（2017—2020 年）

资料来源：课题组根据2017—2020 年《嘉兴市国民经济和社会发展统计公报》数据计算。

| （%） | 2017 | 2018 | 2019 | 2020 |
|---|---|---|---|---|
| 占比 | 26.96 | 29.77 | 29.84 | 32.67 |

南通高度重视培育发展战略性新兴产业，发展规模逐步壮大，产业结构渐趋优化，促进产业转型升级，增强产业竞争力，创新能力不断提高。"十二五"期间，南通新兴产业年均增速为 23%，2015 年实现产值 4 552.36 亿元。② 至 2020 年，南通全市工业领域战略性新兴产业拓展覆盖至 27 个行业大类，战略性新兴产业工业总产值相比 2019 年增长 9.8%，高于规上工业平均水平 3 个百分点；战略性新兴产业产值占规上工业总产值比重达 35.6%，其中，装备制造业、高技术制造业产值分别增长 16.7%、13.7%（图 7.9），高于全部规上工业增速 10.9 和 7.9 个百分点。③

① 数据来自顾雅君、陈灿：《嘉兴战略性新兴产业高质量发展研究》，《中国商论》2020 年第 3 期。
② 数据来自南通市人民政府：《南通市"十三五"战略性新兴产业发展规划》，2016 年。
③ 数据来自南通市统计局：《2020 年南通市国民经济和社会发展统计公报》，2021 年。

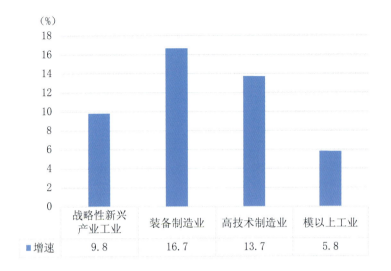

**图 7.9**
**南通战略性新兴产业等产业产值增速（2020 年）**

资料来源：课题组根据 2020年《南通市国民经济和社会发展统计公报》计算。

| | 战略性新兴产业工业 | 装备制造业 | 高技术制造业 | 模以上工业 |
|---|---|---|---|---|
| ■ 增速 | 9.8 | 16.7 | 13.7 | 5.8 |

## 7.2.2 产业集群发展，特色园区加快形成

在高技术制造业和战略性新兴产业发展的过程中，上海都市圈各城市形成了特色产业集群，科技园区成为产业集群和创新发展的主要载体。当前，上海分两批共发布了 40 个特色产业园区，引导产业空间布局优化，促进产业集群发展。上海市各区都初步形成了特色鲜明、创新活跃的新兴产业集聚区。[①]上海在集成电路、生物医药、人工智能三大先导产业已经形成多个产业集群。"十四五"期间，上海将推动三大产业规模翻番，加快发展电子信息、汽车、高端装备、先进材料、生命健康、时尚消费品六大重点产业，发展成为具有国际竞争力的高端产业集群。[②]2020 年，浦东新区集成电路和生物医药、徐汇区人工智能、杨浦区信息技术服务获批国家战略性新兴产业集群。

苏州大力发展建设十大千亿级产业集群，重点培育生物医药和高端医疗器械、新型显示、光通信、软件和集成电路、高端装备制造、汽车及零部件、新能源、新材料、高端纺织、节能环保

---

[①] 参见上海市人民政府：《上海市战略性新兴产业和先导产业发展"十四五"规划》，2021 年。
[②] 参见上海市人民政府：《上海市先进制造业发展"十四五"规划》，2021 年。

等十大先进制造业集群。① 目前，苏州有 14 家国家级开发区（园区）。2018 年和 2019 年，江苏省分两批公布 54 个省级特色创新（产业）示范园区，苏州有 7 家园区进入示范园区名单。2019 年，苏州市生物医药产业集群入选第一批 66 个国家级战略性新兴产业集群名单。

嘉兴着力打造五大先进制造业产业集群，即现代纺织产业集群、新能源产业集群、化工新材料产业集群、汽车制造产业集群及智能家居产业集群。嘉兴以中国化工新材料（嘉兴）园区、浙江独山港经济开发区石化产业园为主平台，重点发展化工高分子新材料产业；以南湖经济开发区、平湖经济技术开发区、桐乡经济开发区、嘉兴经济开发区等重点平台为依托，优先发展整车集成开发、智能控制系统等关键技术，重点发展新能源汽车的电子、电池、电控、电机等关键零部件。② 嘉善县新智造试点、平湖汽车及零部件产业集群新智造试点、海宁经编产业集群新智造试点、桐乡化纤产业集群新智造试点等四个产业集群（区域）进入 2021 年浙江省产业集群（区域）新智造试点名单（全省共 36 个）。③

南通加快培育战略性新兴产业集群，强化园区对产业集群的承载能力。当前已经形成了多个产业集群。2020 年出台的《南通市加快推进战略性新兴产业集群建设实施意见》提出，围绕数字经济、高端制造、生物经济、绿色低碳和数字创意等五大领域，重点建设新一代信息技术、高端装备、新材料、生物医药、新能源、新能源及智能网联汽车、节能环保、数字创意等一批战略性新兴产业集群，力争到 2025 年打造 6—8 个 500 亿元级战略性新兴产业集群，重点培育 2—3 个 1 000 亿元级战略性新兴产业集群。④

① 参见苏州市人民政府：《苏州市国民经济和社会发展第十四个五年规划和二〇三五年远景目标纲要》，2021 年。
② 参见嘉兴市经济和信息化局：《关于培育"五大"先进制造业产业集群高质量发展的实施意见》，2020 年。
③ 参见浙江省经济和信息化厅：《关于公布 2021 年产业集群（区域）新智造试点名单的通知》，2021 年。
④ 参见南通市发展和改革委员会：《南通市加快推进战略性新兴产业集群建设实施意见》，2020 年。

### 7.2.3　产业分工深化，产业链日趋完善

　　上海、苏州、南通和嘉兴围绕重点发展领域，在高技术制造业和战略性新兴产业加快布局，形成了一批千亿级产业集群。高端产业集群发展引领上海都市圈产业链现代化发展，四个城市围绕产业链现代化提升关键节点，不断完善产业链，推进产业上下游不断集聚发展，产业链配套能力不断增长，形成了一批在国内和国际具有影响力的创新型、龙头型企业。各城市采取多种措施吸引全球范围的产业链、供应链集聚，产业链日益完善。上海着力强化全球资源配置、科技创新策源、高端产业引领、开放门户枢纽"四大功能"，依托中国国际进口博览会、中国国际工业博览会促进上海产业链发展，融聚全球产业链。2020 年 5 月，苏州举行产业链全球合作云对接活动，并发布产业链全球合作对接图，以全球视角强化生物医药和高端医疗器械、智能装备、新型显示、汽车及零部件、软件和集成电路等五个产业补链、延链、强链，加强当地企业与全球企业供需对接。嘉兴在汽车电力、氢能源等多个产业布局全球延伸产业链，加快融入高端产业链。[1] 南通在船舶海工产业、新一代信息技术产业等领域加快产业链构建，聚焦全产业链打造具有全球影响力的产业高地。

　　上海都市圈加快围绕产业链部署创新链，打造良好的创业创新生态。上海都市圈人才丰富，集聚大量专业人才支撑战略性新兴产业发展。创新载体丰富，有多家国家级创新载体。上海将加快建设张江综合性国家科学中心，打造集成电路、生物医药、机器人等研发与转化功能型平台。苏州市国家生物药技术创新中心、国家第三代半导体技术创新中心、国家新一代人工智能创新发展试验区加快建设，全力培育战略科技力量，提升产业链现代化水平，支持承担国家重大战略任务，支持开展关键核心技术攻关，在多个领域取得了突破性的创新成果。嘉兴围绕资金链助力创新

---

① 参见刘巍巍、陈圣炜：《江苏苏州发布产业链全球合作对接图》，新华社，2020 年 5 月 18 日。

链，支持符合国家战略、突破关键核心技术、市场认可度高的科创企业在科创板发行上市，并成立多家产业基金支撑产业创新能力。为推进跨区域协同创新，各城市还建立了较为完善的创新成果转化平台，出台多项政策提升上海都市圈知识产权保护水平。

随着上海都市圈集聚越来越多的创新要素，在核心技术、关键工艺及基础材料等领域的自主创新能力不断提升。上海都市圈高技术制造业和战略性新兴产业的产业链和创新链不断完善，正在构建引领全国并在全球有竞争力的国际产业链体系，并持续向产业链和价值链高端环节攀升。

### 7.2.4  创新要素集聚，产业创新能力增强

近年来，上海、苏州、南通和嘉兴积极推进各项创新发展工作，不断优化产业创新环境，优化区域创新布局，持续加大研发投入力度，健全创新制度，持续壮大创新企业集群发展。聚焦重点产业、重要领域、重大技术，布局核心关键环节，大力推动高精尖项目建设，科技成果转化成效显著，培育壮大更多高成长性企业。四个城市战略性新兴产业科技创新能力不断增强。

截至 2020 年底，上海已经建成和在建的国家重大科技基础设施达 14 个，数量和投资额都在国内处于前列。自 2017 年国家实施外国人来华工作许可制度以来，上海已累计核发外国人工作许可证 26 万份，引进外国人才数量和质量在全国均居第一。2020 年，上海先后通过《上海市推进科技创新中心建设条例》《上海市知识产权保护条例》，提供创新发展制度保障。2020 年，上海市静安区国际创新走廊、同济大学国家大学科技园和长宁区虹桥智谷等三家单位进入全国第三批"双创"示范基地名单。[①] 至此，上海共有国家"双创"示范基地 10 家。截至 2021 年 12 月 30 日，上海有 59 家企业在科创板上市，募集资金在全国位居第一。上海大力推

---

① 参见《第三批"双创"示范基地，长宁这家单位榜上有名！》，澎湃新闻，2020 年 12 月 25 日。

动核心技术研发攻关，走在全国政策先行先试的最前沿，创新生态不断优化。在以集成电路、生物医药和人工智能为代表的战略性新兴产业领域，上海在越来越多的"卡脖子"领域取得突破性成果。在脑科学与类脑人工智能、量子信息科学等领域汇聚顶尖科技人才，加大重大科技攻关，力争取得更多原创性成果。

苏州通过体制和机制创新，汇聚创新资源，搭建公共服务平台，不断完善产业技术基础体系，提升苏州的科技创新策源功能。至 2020 年 10 月，苏州拥有人才总量达 293.4 万人，高层次人才突破 27 万人，多项人才指标走在江苏省乃至全国前列。[①] 截至 2020 年底，苏州的新型研发机构累计达 66 家，集聚各类科研人员超过 4 000 人，承担国家级科研项目 123 项，高新技术企业数量达 9 772 家。[②] 近年来，苏州市引导科研院所、高校和重点骨干企业加强产学研合作，围绕苏州产业发展实际提供集成服务，加强共性技术攻关和供给。同时，苏州紧抓长三角一体化发展机遇，与上海共建科技资源开放共享与协同发展服务平台，不断提升苏州战略性新兴产业的科技创新能力。

嘉兴高度重视科技创新和科技人才工作，优化创新环境，努力营造最具创新活力的生态圈，不断完善相关政策体系，集聚创新资源和加大投入，科技创新能力得到显著增强。嘉兴主要科技创新指标进入浙江省第一方阵。截至 2020 年底，嘉兴全市共有国家级企业技术中心 7 家，省级企业技术中心 116 家（含 2020 年新增），市级企业技术中心 502 家（不含 2020 年新增）。2020 年，嘉兴新认定市级企业技术中心 95 家。[③] 嘉兴的科技创新人才不断集聚，涌现一批创新创业科技成果，推动嘉兴的战略性新兴产业向高端发展。

南通聚焦优势产业、重点产业及重点领域，加大在重大技术和核心关键环节的技术研发，鼓励支持龙头企业整合行业创新资

---

① 数据来自《苏城"链"上人才，乘风破浪勇立潮头》，苏州新闻网，2021 年 10 月 16 日。

② 数据来自《对市政协十四届五次会议第 112 号提案的答复》，苏州科技局，2021 年 6 月 23 日。

③ 数据来自《点赞"嘉兴制造"！嘉兴新增 1 家国家企业技术中心和 23 项省首台（套）产品》，《潇湘晨报》2021 年 1 月 5 日。

源，联合产业链上下游企业和高校研究所，构建协作创新载体和创新平台，在核心技术领域攻关突破，促进产业向高端化发展。南通出台多项政策措施不断优化创新生态，提升产业创新能力。2021 年 7 月，南通创新区以提升区域创新浓度、产业高度和人口密度为导向，发布覆盖企业全生命周期的"5 + X"科创政策体系，促进南通战略性新兴产业的创新能力不断提升。[1]

## 7.2.5　区域联动发展，产业布局不断优化

近几年，上海都市圈四个城市间产业联动发展不断加强。都市圈整体层面以及上海、苏州、南通和嘉兴四个城市之间分别开展了多层次的产业合作，都市圈内产业分工得以优化，产业在更广的范围内实现梯度合理分配，产业布局不断优化。在"2018 上海嘉兴周"开幕式上，嘉兴市与上海市松江区、青浦区、金山区分别签署和发布区域联动发展三年行动计划。根据三年行动计划，嘉兴与上海市三个区将围绕规划对接、产业平台合作、基础设施对接、公共服务合作等主要任务，共同推进落实一批重大合作事项。[2] 2019 年 7 月，上海青浦、江苏吴江、浙江嘉善发布《青浦、吴江、嘉善 2019 年一体化发展工作方案》，三地未来将围绕规划契合、设施汇合、产业耦合、功能聚合、治理融合、环保联合，共谋一体化发展工作方案。[3] 2020 年 10 月，《长三角 G60 科创走廊建设方案》发布，促进长三角基层加强合作和跨行政区域协调联动，着力打造科技创新策源地，着力打造世界级产业集群。2020 年 11 月，长三角一体化苏州赴上海对接说明会、苏州城市推介会在上海举行，上海、苏州共签署 90 个专项合作协议和项目合作协议，包括平台经济项目 12 个、科技合作项目 9 个、产业合作项目 19 个、基础设施项目 5 个、公共服务项目 11 个、文旅与金

---

① 参见朱蓓宁、吴霄云：《科创"大礼包"成提速"主引擎"》，《南通日报》2021 年 7 月 17 日。
② 参见《长三角一体化推进　嘉兴、盐城等地加快对接上海》，第一财经，2018 年 6 月 23 日。
③ 参见《长三角又有新动作！青浦、吴江、嘉善签署一体化工作方案》，澎湃新闻，2019 年 7 月 24 日。

融项目 11 个、政府合作项目 11 个、示范区建设项目 12 个，将推动沪苏两地在科技协同创新、产业融合发展、交通互联互通、生态共建共管以及一体化示范区建设等方面取得新的更大成效。[①]

### 专栏 7.1　抢抓长三角一体化机遇打造沪通产业合作样板

　　2019 年 7 月 3 日下午，上海市北高新（南通）科技城联合理事会第七次会议在南通召开。沪通双方在会上表示，抢抓长三角一体化发展上升为国家战略的机遇，深化合作主题，发展科创产业，加快推动园区做大做强、形成集聚效应，共同打造名副其实的科技城和沪通产业合作样板区。

　　对于上海而言，科技城作为长三角区域合作的示范项目，规划布局理念先进，载体平台建设有力，园区管理精细入微，生态环境优美精致，是上海市静安区参与长三角一体化发展的靓丽名片。下一步，科技城要进一步聚焦科技创新，在更高层面推进招商引资；聚焦环境优化，用更高水准推进营商、生活、生态等环境建设；聚焦合作交流，在更高领域推进技术创新。静安将充分利用自身的资源和平台优势，推动资本、项目、政策向科技城辐射、转移、集聚，实现科技城更高质量、更快速度发展，努力建设成为沪通合作的桥头堡、主战场。沪通各方将继续保持良好合作关系，在延续好现有协商制度的同时，围绕投资管理、要素流动、政策服务等方面加强沟通，形成推动科技城发展的更强合力。

　　对于南通而言，经过九年的艰苦创业，科技城已初步成为环境优美、配套完善的产业新城，步入了良性健康发展的新阶段。而北沿江高铁、南通新机场、通州湾海港等重大基础设施的推进，不仅打开了南通未来发展的新空间，也为沪通合作和科技城发展提供了新机遇。下一步，科技城要紧扣发展科创产业的定位，按照"确定一个主导产业、成立一支创投基金、建设一个公共服务平台、建立一支专业化招商服务队伍、每年组织一次行业展示活动"的思路，不断扩大知名度、影响力和集聚力，加快打造名副其实的产业科技城。要以规划建设都市工业综合体为抓手，更加注重集约节约利用资源，提高投资强度和产出水平。

资料来源：《抢抓长三角一体化机遇　打造沪通产业合作样板 | 上海市北高新（南通）科技城联合理事会召开第七次会议》，南通发布，2019 年 7 月 4 日。

---

① 　数据来自《上海、苏州签约 90 个项目，沪太两港将进行深度合作》，界面新闻，2020 年 11 月 21 日。

## 7.3 上海都市圈建设和完善现代产业体系的路径与措施

### 7.3.1 统筹编制产业规划，优化价值链与空间链

产业统筹规划是都市圈构建现代产业体系的关键。第一，上海都市圈需要从全局的角度考虑，围绕产业发展重点，联合制定相关产业政策和产业规划，明确各城市功能定位和产业比较优势。第二，研究制定圈内产业合作共享平台，统一招商引资和项目落地，形成共同开发、利税共享的产业合作发展机制，推动形成区域间产业合理分布和上下游联动机制，产业发展形成错落有致、分工错位的现代产业集群，以产业集群组织助力培育世界级的产业集群。第三，加快推进对接协作，推动都市圈内创新链、产业链、供应链一体化布局取得突破性进展，发挥科技园区的平台作用，最终形成基于产业链的合理分工体系。第四，在分工方面，以充分发挥各地比较优势为导向，提高圈内产业链的迂回程度，构建更具国际竞争力的产业链空间分工体系。推动形成新的集聚效应和增长动力，不断提升产业集聚水平和发展质量效益，促进产业价值链迈向中高端，推动上海都市圈现代产业体系加快构建。

### 7.3.2 建立健全统一市场，增强产业要素支撑

劳动力、资本、技术等要素跨区域充分流动和优化配置，是上海都市圈现代产业体系构建的基本前提条件。一是统一市场准入标准。实行统一的市场监管，统一监管标准，清理和废除妨碍都市圈统一市场和公平竞争的各种规定和做法。推进工商注册便利化，削减资质认定项目，实现市场主体准入条件、标准、程序和服务措施等规范统一。实行负面清单准入管理方式。实现都市圈区域政务服务"一网通办"。完善都市圈信用体系，实施守信联

合激励和失信联合惩戒。二是统一技术市场。统一信息系统运行机制和市场监管机制。联合建设科技资源共享服务平台，鼓励共建科技研发和转化基地。建立都市圈技术交易市场联盟，构建多层次知识产权交易市场体系。共同完善技术中介组织机制，完善纵向一体化的中介服务机制和横向一体化的中介联合机制。三是统一人力资源市场。建立统筹规划或合作形式的圈内人力资源机构。完善都市圈内人力资源市场整体的法制化建设，建立统一规范的区内人力资源法律法规。构建都市圈人力资源市场网络公共服务平台。组建人才协同创新发展联盟，探索实施两地人才互认、联合培养、载体共建。四是促进金融市场一体化。建立都市圈统一监管、风险防范机制和征信系统，建立金融风险联防联控合作机制。对各家银行的战略规划和业务定位进行统一和协调。筹划建设绿色金融机构，搭建绿色金融平台（如碳排放交易市场），成立绿色发展基金，创新绿色金融产品和服务。

### 7.3.3　构建协同创新机制，提升创新策源能力

协同创新对都市圈现代产业体系的构建起到重要引领作用。首先，上海都市圈应建立健全协同创新发展协调机制，确定不同城市协同创新的目标定位，建立完善信息交流、工作对接的常态化合作机制。其次，推动区域协同创新共同体建设，充分利用上海都市圈各城市创新能力强的优势，特别是上海的人才和研发机构的优势，加强区域间技术创新合作，构建都市圈跨区域协同创新网络。再次，围绕都市圈内各城市的大平台优势和学科优势，依托各地的国家级开发区和科学城建设，通过构建产业协作平台、创新资源平台、要素共享平台，推进建设区域产业联盟、创新联盟，建设一批飞地型创新成果转化基地。最后，围绕智能化、平台化、融合化和绿色化要求，培育一批在全球产业链具有主导地位的创新型企业，围绕重要战略性技术创新领域，开展联合技术攻关行动，提升上海都市圈产业创新策源能力。

　　东京都市圈的科技协同创新主要受两类集群计划的政策性指导。一是 2001 年经济产业省制定的"产业集群创新计划"：东京经济产业局负责选定创新推进机构（属财团法人且有跨区资源调动能力），再由其成立各集群项目的核心实施单位，以此作为官产学研创新网络结点，接受"促建广域创业支援合作网"的资助（补助金和委托费）。该推进机构内置"项目协调员"，通过走访联系、举办探讨会等产学研活动，与伙伴企业、高校院所、政府部门、商会社团等，共建行业型智库。同时，利用商会关系网举办展销会、洽谈会，助力新产品拓宽市场。二是 2002 年文部科学省发布的"知识集群创造计划"：由东京科技施政推进委员会设立"知识集群本部"负责执行，以东京都市圈的国立大学、研究中心为核心，促进与研发型企业相互合作。各子项目机构设置"科技协调专员""专利代办顾问"等职位，辅助企业成立新产品营销小组，并结合市场需求调动高校院所资源，催生技术创新种子项目。此外，还设立技术转让服务部门，简化知识产权交易流程，加速研发成果专利化和产业化。同时，通过建立科技数据库、举行成果发布会等活动，帮助创新项目与风投基金对接。

　　由于两类集群计划的实施主体与执行路径各有不同，所以在落实时会发生交互干扰。因此，往往还需要政府部门的统筹运作。2004 年，日本综合科技会议将内阁府、经济产业省、文部科学省、国土交通省、农林水产省、厚生劳动省、环境省、总务省等部门涉及东京都市圈的 17 个科技创新计划纳入"联合措施群"。2008 年，日本政府发布《依靠科技增强地方活力战略》，全面规划东京都市圈的科技人才分布，改良金融运行体制并与产学研机制相适应。2009 年，经济产业省下属的中小企业基盘整备机构、产业技术综合研究所、日本贸易振兴会、日本产业立地中心，与文部科学省下属的日本科技振兴机构，共同成立分工明确的"区域创新推进机构网络"并轮流担任协调干事，为东京都市圈的科技协同创新提供"一站式"服务。

资料来源：郭斌：《京津冀都市圈科技协同创新的机制设计——基于日韩经验的借鉴》，《科学学与科学技术管理》2016 年第 9 期。

### 7.3.4　加快产业集群发展，打造先导产业高地

产业集群发展是现代产业体系构建的重要推动力。首先，上海都市圈需要统筹产业规划，制定四市产业协同发展专项规划，研究制定上海都市圈集成电路、生物医药、人工智能等高端制造和现代服务业重点产业发展目标、空间布局及各市发展重点，促进形成高端制造业和现代服务业产业集群。其次，统筹上海都市圈科技园区发展，积极推进科技园区之间的合作或者跨区合作示范区的共建，推动科技园区之间基于产业链、创新链、价值链的合作，实现资源跨区域的整合和优化配置，在重点产业领域开展一批产业集群发展示范应用工程，共同推进上海都市圈科技园区、开发区等平台产业集群特色化发展，形成若干竞争力较强的产业集群。再次，围绕产业链招商，推进集群发展。明确各市产业定位和发展方向，以全球视角强化重点产业。围绕产业补链、延链、强链，从重大项目着手，引导配套产业围绕主导产业集聚，推进产业集群的形成，助力培育世界级产业集群，打造具有竞争力的先导产业发展高地。

### 7.3.5　深度推进产业融合，激发产业协调发展

产业融合发展是现代产业发展的重要趋势。第一，上海都市圈需要营造良好的产业融合发展外部环境。通过政府统筹引导，出台扶持制造业与服务业融合发展的专项政策，推动产业跨界融合，形成"两业"融合发展的管理体系和服务体系。第二，搭建立体化制造业与服务业融合平台体系，为产业融合发展提供金融、法律、会计、咨询等综合服务，整合各类资源，提高服务水平，创新服务手段，降低企业融合发展成本。第三，支持鼓励制造业与服务业企业双向融合转型。加快推动制造业企业特别是先进制造业剥离服务功能，鼓励先进制造业企业整合资源优势，重点支持高端装备制造、电子信息制造、新能源汽车、生物医药等先进制造业与软件和信息服务业、金融业、科技研发和科技服务业等

现代服务业间的深度融合。第四，以"重点突破"助推产业融合整体目标的实现。以数字化转型为契机，借助物联网、云计算、大数据、人工智能等数字技术推动典型行业如汽车制造产业、电子信息产业等行业的数字化、网络化、智能化转型。

## 7.3.6　强化全球资源配置，参与全球产业分工

现代产业体系构建离不开利用全球产业资源和参与全球产业分工。首先，上海都市圈需要进一步加快推动对内对外开放，融入全球产业体系，在扩大开放中不断提升物流、资金流、信息流、人流、科技流等关键要素的全球连通性，促进全球高端要素资源高效汇聚、高效流动，增强全球资源集散与配置能力。其次，完善产业"走出去"支持机制。鼓励优势企业发展国际总承包、总集成，带动包括装备、技术、标准、品牌等在内的产业输出。支持发展一批跨国公司，通过产业链整合、资本运作、联合经营、设立分支机构和研发中心、构建全球营销及服务体系等方式，更好融入全球创新和产业分工体系。再次，对标国际先进规则，积极探索国际合作新模式，参与国家产业标准制定，通过全球资源利用、业务流程再造、产业链整合等方式，不断提升产业发展全球位势和分工地位，以高水平开放推动产业高质量发展。

## 7.3.7　加快布局未来产业，抢占长远发展制高点

未来产业代表科技和产业发展方向，是由重大科技创新推动，当前处于萌芽期或产业化初期的产业，对经济社会的长远发展具有引领作用。首先，上海都市圈需注重前瞻性技术预见，成立专业化创新服务机构，加强未来产业战略规划和发展模式研究，研判未来产业重点领域与发展方向，推动未来产业的培育和发展。其次，打造未来技术应用场景，加速形成若干未来产业。加快新技术的市场化进程，推进新技术在具体应用场景和行业领域的应

用和有效验证。鼓励优势企业围绕场景拓展行业应用领域，孵化未来产业。再次，紧跟国际前沿，加强交流合作，密切跟踪国际动态，充分了解国外进展，建立健全未来产业监测、评估和预警机制，加快未来产业总体布局，抢占未来发展先机。

### 专栏 7.3　主要国家和地区未来产业布局

近年来，美国、欧盟、日本、韩国等国家和地区都把未来产业发展摆在十分突出的位置，密集出台重大规划政策，不断谋划布局其未来产业发展，并从研发投入、市场培育、法律制度方面给予大力支持，努力抢占未来发展先机。

美国白宫科技政策办公室（OSTP）于 2019 年发布《美国将主导未来产业》报告，其中涉及人工智能、先进制造、量子信息和 5G 四大方向的未来产业。2021 年，美国总统科技顾问委员会（PCAST）发布《未来产业研究所：美国科学与技术领导力的新模式》报告，为实施未来产业发展战略设计新型创新主体，以促进从基础研究、应用研究到新技术产业化的创新链全流程整合，推进交叉领域创新，提高创新效率。

欧盟委员会于 2019 年发布《加强面向未来欧盟产业战略价值链报告》，计划提高欧洲在互联且清洁的自动驾驶汽车、氢技术及其系统、智能健康、工业互联网、低碳产业和网络安全等六大战略性未来产业的全球竞争力和领导力。

日本也在加紧布局未来产业。2016 年，安倍内阁确定了 28.1 万亿日元规模的"实现面向未来的投资的经济对策"方案，明确提及第四次产业革命、物联网（IoT）商务、知识产权战略等概念，强调要充实人工智能、新材料、宇宙航空、能源等产业的基础性研究，展现了日本着力革新产业技术与能力、提高国家核心竞争力的决心和举措。

韩国在 2019 年 2 月颁布了"投入 20 万亿韩元研发资金的政府研发中长期投资战略"，提出了以技术为中心的主力产业、未来和新产业、公共和基础设施、生活质量四大投资领域，以及一个以政策为中心的优化创新环境投资领域。文在寅就任韩国总统之后，根据韩国技术及市场特点将重点科研领域细化为基础科学、核心技术、基础技术，并注重加强融合技术及相关法规制度的建设，力求进一步加强韩国未来动力技术和产业的发展。

从各种战略规划中可以发现，美国、欧盟、日本、韩国等主要国家和地区对未来产业的发展方向、重要性、发展路径判断都较为一致。加快人工智能、量子信息、未来网络、生命健康等未来产业的发展已成为共识，在发展路径上各国都采取了产业链视角的"补短板"和创新链视角的"建长板"相结合的模式。

资料来源:《主要国家和地区关于未来产业布局》，经济形势报告网，2021 年 6 月 30 日。

# 附录  上海都市圈制造业产业地图

为了更加直观地呈现上海都市圈制造业产业分布的状况，我们根据相关的产业分类和数据，以及各地产业规划、统计公报及政府的披露信息，绘制了上海都市圈制造业产业地图。

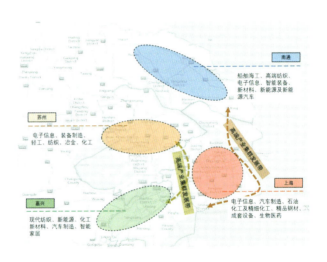

**图 A1**
**上海都市圈制造业产业分布**

**图 A2**
**上海都市圈制造业产业集群**

注：主要包括产值千亿元以上及接近千亿元的产业集群。

**图 A3**

**上海都市圈新一代信息技术产业分布**

注：课题组选择了战略性新兴产业中与制造业相关的产业进行绘制，下同。

**图 A4**

**上海都市圈高端装备制造业分布**

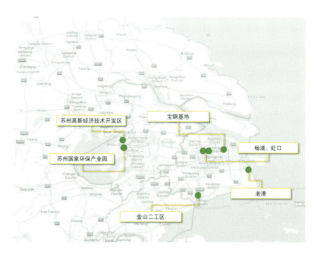

**图 A5**

**上海都市圈节能环保产业分布**

**图 A6**
**上海都市圈生物医药产业**
**分布**

**图 A7**
**上海都市圈新材料产业**
**分布**

**图 A8**
**上海都市圈新能源产业**
**分布**

**图 A9**
上海都市圈新能源汽车产
业分布

# 参考文献

［1］Adner, R., 2006, "Match Your Innovation Strategy To Your Innovation Ecosystem", *Harvard Business Review*, 84(4): 98—107, 148.

［2］Behrens, K., G. Duranton and F. Robert-Nicoud, 2014, "Productive cities：Sorting, selection, and agglomeration", *Journal of Political Economy*, 122(3): 507—553.

［3］Dixt, A. and J. Stiglitz, 1977, "Monopolistic Competition and Optimum Product Diversity", *American Economic Review*, 67(3): 297—308.

［4］Dougherty, D. and D. Amitrano, 2011, "Organizing Ecologies of Complex Innovation", *Organization Science,* 22(5): 1214—1223.

［5］Duranton, G. and D. Puga, 2004, "Micro-foundations of urban agglomeration economies", in *Handbook of Regional and Urban Economics*, Elsevier：2063—2117.

［6］Edquist, C. (ed.), 1997, *Systems of Innovation: Technologies, Institutions and Organizations*, New York：Routledge.

［7］Freeman, C. C., 1987, "Technology Policy and Economic Performance: Lessons From Japan".

［8］Frosch, R. A. and N. E. Gallopoulos, 1989, "Strategies for Manufacturing", *Scientific American*, 261(3): 144—152.

［9］Gort, M. and S. Klepper, 1982, "Time paths in the diffusion of product innovations", *The Economic Journal*, 92(367): 630—653.

［10］Henderson, C. R., 1974, "General flexibility of linear model techniques for sire evaluation", *Journal of Dairy Science*, 57(8): 963—972.

［11］Henderson, J. V., 1974, "The sizes and types of cities", *The American Economic Review*, 64(4): 640—656.

［12］Klepper, S. and E. Graddy, 1990, "The evolution of new industries and the determinants of market structure", *The RAND Journal of Economics*, 27—44.

［13］Moore, J. F., 1996, *The Death of Competition: Leadership and Strategy in the Ageof Business Ecosystems*, New York: Harper Business.

[14] Schumpeter, J. A. , 1934, "The Theory of Economics Development", *Journal of Political Economy*, 1(2): 170—172.

[15] Utterback, J. M. and W. J. Abernathy, 1975, "A dynamic model of process and product innovation", *Omega*, 3(6): 639—656.

[16] 北京大学中国经济研究中心课题组：《中国出口贸易中的垂直专门化与中美贸易》，《世界经济》2006 年第 5 期。

[17] 方宽：《我国国民经济行业分类标准的沿革及与国际标准的比较》，《统计研究》2002 年第 7 期。

[18] 福建省人民政府：《福州都市圈发展规划》，2021 年。

[19] 顾雅君、陈灿：《嘉兴战略性新兴产业高质量发展研究》，《中国商论》2020 年第 3 期。

[20] 广东省人民政府：《国民经济和社会发展第十四个五年规划和 2035 年远景目标纲要》，2021 年。

[21] 广东省人民政府：《国民经济和社会发展第十四个五年规划和 2035 年远景目标纲要》，2021 年。

[22] 胡凯、吴清、朱敏慎：《地区产业配套能力测度及其影响因素》，《产业经济研究》2017 年第 2 期。

[23] 黄宾、于淑娟：《产业集群理论研究新发展及其实践启示》，《技术经济与管理研究》2017 年第 10 期。

[24] 嘉兴市经济和信息化局：《关于培育"五大"先进制造业产业集群高质量发展的实施意见》，2020 年。

[25] 嘉兴市统计局：《2020 年嘉兴市国民经济和社会发展统计公报》，2021 年。

[26] 江苏省人民政府、安徽省人民政府：《南京都市圈发展规划》，2021 年。

[27] 李君华：《产业集聚与布局理论》，经济科学出版社 2010 年版。

[28] 李丽、管卫华：《长三角一体化进程中产业一体化问题研究》，《安徽农业科学》2011 年第 2 期。

[29] 梁颖、耿槟、梁小亮：《产业协同集聚影响工业地价分异的空间效应研究——基于区域一体化视角的分析》，《价格理论与实践》2021 年第 3 期。

[30] 刘文勇：《现代产业体系的特征考察与构建分析》，《求是学刊》2014 年第 2 期。

[31] 刘钊：《现代产业体系的内涵与特征》，《山东社会科学》2011 年第 5 期。

[32] 马吴斌、褚劲风、郭振东：《上海产业集聚区发展与城市空间结构优化研究》，《上海城市规划》2008 年第 6 期。

［33］迈克尔·波特：《国家竞争优势》，华夏出版社 2002 年版 / 中信出版社 2007 年版。

［34］南通市发展和改革委员会：《南通市加快推进战略性新兴产业集群建设实施意见》，2020 年。

［35］南通市人力资源和社会保障局：《2020 年度南通市人力资源和社会保障事业发展统计公报》，2021 年。

［36］南通市人民政府：《南通市"十三五"战略性新兴产业发展规划》，2016 年。

［37］南通市统计局：《2020 年南通市国民经济和社会发展统计公报》，2021 年。

［38］上海市经济和信息化委员会：《关于推动生物医药产业园区特色化发展的实施方案》，2020 年。

［39］上海市经济和信息化委员会：《关于建设人工智能上海高地构建一流创新生态的行动方案（2019—2021 年）》，2021 年 9 月。

［40］上海市经济和信息化委员会：《上海市人工智能产业发展"十四五"规划》，2021 年 12 月。

［41］上海市人民政府：《上海市先进制造业发展"十四五"规划》，2021 年。

［42］上海市人民政府：《上海市战略性新兴产业和先导产业发展"十四五"规划》，2021 年。

［43］上海市人民政府：《上海市张江科学城发展"十四五"规划》，2021 年。

［44］上海市统计局：《2020 年上海市国民经济和社会发展统计公报》，2021 年。

［45］盛朝迅：《构建现代产业体系的瓶颈制约与破除策略》，《改革》2019 年第 3 期。

［46］石忆邵：《从单中心城市到多中心域市——中国特大城市发展的空间组织模式》，《城市规划汇刊》1999 年第 3 期。

［47］四川省人民政府：《成都都市圈发展规划》，2021 年。

［48］苏州市人力资源和社会保障局：《2020 年度苏州市人力资源和社会保障事业发展统计公报》，2021 年。

［49］苏州市人民政府：《苏州市国民经济和社会发展第十四个五年规划和二〇三五年远景目标纲要》，2021 年。

［50］苏州市人民政府：《苏州市集成电路产业发展规划（2018—2020）》，2018 年。

［51］苏州市统计局：《2020 年苏州经济和社会发展概况》，2021 年。

［52］孙源：《共生视角下产业创新生态系统研究》，《河南师范大学学报

（哲学社会科学版）》2017 年第 1 期。

［53］孙竹、张巨峰、薛淑莲、高健:《苏州政府引导基金实践及对国企科
创资本运营的启示》,《国际经济合作》2020 年第 2 期。

［54］屠凤娜:《产业创新生态系统的发展瓶颈和优化建议——以京津冀为
例》,《产业创新研究》2017 年第 1 期。

［55］王海燕、刘家顺:《科技创新与现代产业体系相关关系》,《河北理工
大学学报（社会科学版）》2011 年第 3 期。

［56］王娜、王毅:《产业创新生态系统组成要素及内部一致模型研究》,
《中国科技论坛》2013 年第 5 期。

［57］吴绍波:《战略性新兴产业创新生态系统协同创新的治理机制研究》,
《中国科技论坛》2013 年第 10 期。

［58］谢露露、孙海霞:《长三角城市群协同发展机制的演变》,《上海经济》
2021 年第 5 期。

［59］严含、葛伟民:《"产业集群群":产业集群理论的进阶》,《上海经济
研究》2017 年第 5 期。

［60］张华:《产业集聚——区域竞争与合作的强大内生力量》,《江苏科技
信息》2007 年第 1 期。

［61］张庭伟:《控制城市用地蔓延:一个全球的问题》,《城市规划》1999
年第 8 期。

［62］张芸、梁进社、李育华:《产业集聚对大都市区空间结构演变的影响
机制——以北京大都市区为例》,《地域研究与开发》2009 年第 5 期。

［63］赵雪、高鹏龙:《区域协同发展的产业布局优化策略》,《电子技术》
（上海）2021 年第 5 期。

［64］禚金吉、魏守华、刘小静:《产业同构背景下长三角产业一体化发展
研究》,《现代城市研究》2011 年第 2 期。

**图书在版编目（CIP）数据**

上海都市圈发展报告. 第三辑，现代产业体系/陈宪，伏开宝主编. —上海：格致出版社：上海人民出版社，2022.8
ISBN 978 - 7 - 5432 - 3366 - 9

Ⅰ. ①上… Ⅱ. ①陈… ②伏… Ⅲ. ①区域经济发展-研究-上海 ②产业体系-产业发展-研究报告-上海
Ⅳ. ①F127.51

中国版本图书馆 CIP 数据核字(2022)第 116916 号


**责任编辑** 忻雁翔
**封面装帧** 人马艺术设计·储平

**上海都市圈发展报告·第三辑：现代产业体系**
陈　宪　伏开宝　主编

| | | |
|---|---|---|
| 出　　版 | 格致出版社 | |
| | 上海人氏出版社 | |
| | （201101　上海市闵行区号景路 159 弄 C 座） | |
| 发　　行 | 上海人民出版社发行中心 | |
| 印　　刷 | 上海商务联西印刷有限公司 | |
| 开　　本 | 787×1092　1/16 | |
| 印　　张 | 13 | |
| 字　　数 | 234,000 | |
| 版　　次 | 2022 年 8 月第 1 版 | |
| 印　　次 | 2022 年 8 月第 1 次印刷 | |

ISBN 978 - 7 - 5432 - 3366 - 9/F · 1451
定　　价　　108.00 元